主编◎梁均达　吴祖清　汤贞敏

不忘初心　行稳致远

最美南粤少年风采录

广东高等教育出版社
Guangdong Higher Education Press
·广州·

图书在版编目（CIP）数据

不忘初心　行稳致远：最美南粤少年风采录 / 梁均达，吴祖清，汤贞敏主编．—广州：广东高等教育出版社，2017．5
ISBN 978－7－5361－5919－8

Ⅰ．①不…　Ⅱ．①梁…　②吴…　③汤…　Ⅲ．①少年儿童－先进事迹－广东－少年读物　Ⅳ．①K828.4-49

中国版本图书馆CIP数据核字（2017）第110937号

出 版 人：唐永亮
项目统筹：黄红丽
责任编辑：李婷婷　施兰娟
装帧设计：阿　丁　李若溱
责任技编：肖宿华
责任校对：谢　慧　张艳芳　林　曼

BUWANG CHUXIN　XINGWEN ZHIYUAN
ZUIMEI NANYUE SHAONIAN FENGCAILU

出版发行	广东高等教育出版社 地址：广州市天河区林和西横路 邮编：510500　电话：（020）87554152 http：//www.gdgjs.com.cn
印　　刷	佛山市浩文彩色印刷有限公司
开　　本	787 毫米 ×1 092 毫米　1/16
印　　张	19.25
字　　数	355 千字
版　　次	2017 年 5 月第 1 版
印　　次	2017 年 5 月第 1 次印刷
定　　价	39.80 元

序　言

最美莫过少年红

青少年是国家的未来、民族的希望。习近平总书记指出，青年的价值取向决定了未来整个社会的价值取向，人生的扣子从一开始就要扣好。少年儿童培育和践行社会主义核心价值观，要做到记住要求、心有榜样、从小做起、接受帮助。

2017年由共青团广东省委员会、广东省教育厅、广东省精神文明建设委员会办公室、广东省学生联合会、少先队广东省工作委员会联合举办的第二届寻找“最美南粤少年”活动，面向全省中小学生选树身边的“好榜样”，历经学校初审，县（区）、市、省逐级评审，从1万多所学校、172 160名参与学生中评选出60名省级“最美南粤少年”。在他们当中，有扣好人生第一粒扣子、传递真善美的美德好少年；有敢于发明创造、让梦想照进现实的创新好少年；有勤学好问、聪明过人的智慧好少年；有阳光活泼，追求更高、更快、更强的活力好少年；有才华和艺术齐修、青出于蓝而胜于蓝的才艺好少年；有不向命运低头、做生活强者的自强好少年。虽然他们的“最美”故事各有不同，却集中展现了广大青少年的心灵美、道德美和行为美，可敬、可亲、可学，是全省广大中小学生践行社会主义核心价值观的典型代表。

至高为德，最美在心。本书记录了60名“最美南粤少年”的成长足迹，呈现出一个个朴实生动的感人故事，奏唱出一首首荡气回肠的生命赞歌，吹响出一声声催人奋进的前行号角，给广大读者特别是青少年带来心灵震撼和人生启迪，是广大中小学生学习的好读本、教师和教育工作者教学的好教案、家长引导孩子成长的好范例。

最美莫过少年红。当前，广东正处于率先全面建成小康社会的决胜阶段，正朝着率先建设社会主义现代化的宏伟目标大步迈进，刚刚召开的中国共产党广东省第十二次代表大会为我们描绘了落实“四个坚持、三个支撑、两个走在前列”的美好蓝图。希望全省广大青少年牢记习近平总书记的嘱托，积极树立和培育社会主义核心价值观，在勤学、修德、明辨、笃实上下功夫，争当无愧于伟大时代的少年先锋，让人生的岁月在广东全面建成小康社会、加快建设社会主义现代化新征程的火红事业中更加绚丽多彩。

池志雄

（共青团广东省委书记）

目录

2017年第二届“最美南粤少年” / 1

美德好少年 / 3

才艺好少年 / 119

活力好少年 / 157

2017年

第二届"最美南粤少年"

长江后浪推前浪。我相信，今天这一代少年儿童一定能立志向、有梦想，爱学习、爱劳动、爱祖国，从小自觉培育和践行社会主义核心价值观，在星星火炬的照耀下，在党的阳光的沐浴下，为实现中华民族伟大复兴的中国梦时刻准备着。

——2014年5月30日，习近平同志在北京市海淀区民族小学看望少年儿童寄语

美德好少年

少年儿童不可能像大人那样为社会做很多事，但可以从小做起，每天都可以想一想，对祖国热爱吗？对集体热爱吗？学习努力吗？对同学们关心吗？对老师尊敬吗？在家孝敬父母吗？在社会上遵守社会公德吗？对好人好事有敬佩感吗？对坏人坏事有义愤感吗？这样多想一想，就会促使自己多做一做，日积月累，自己身上的好思想、好品德就会越来越多了。

——2014年5月30日，习近平同志在北京市海淀区民族小学看望少年儿童寄语

友善和无私助人是一种美德，一种高尚情怀。年仅16岁的刁兴宇用12年的义工经历，向世人展现了美德好少年的风采。

刁兴宇：少年“老”义工

深圳市第二实验学校初三（8）班

4岁小义工

那一年，一群义工去深圳大南山义务植树，大伙儿干得正起劲，突然发现一个丁点大的小朋友，也学着大人的样子，摇摇晃晃地拎着小水桶，去给刚种下的树苗浇水。他站在细嫩的树苗前，还没到树苗一半高呢。

这动人一幕，立刻抓住了大家的眼球。

“哇，这娃了不起，他可是这次活动最小的义工哦！”

这位小义工就是当时才4岁的刁兴宇。

那天，爸爸妈妈都报名去参加义务植树了，小兴宇没人看管，他被父母带到了大南山，跟着一位负责分配树苗和工具的义工老奶奶。可当小兴宇看到大家都拿水桶给小树浇水时，也学着拿起了小水桶。

爸爸妈妈发现他时，他已经来回拎了三桶水啦！在场的义工叔叔阿姨都夸这个孩子有善根，是可以让义工精神薪火相传之人！

从此，“爱心”“公益”就像春日蒲公英的种子，在长辈们言传身教的助力下，飘向刁兴宇幼小的心田，落地生根，开出一片灿烂金黄的花。

“Good！Good!”

2011年世界大学生运动会期间，10岁的刁兴宇每天都去大剧院地铁站服务，跟成人义工一起提水送饭，为过往旅客提送行李。他还用最短的时间熟悉掌握了周边的地理环境和道路状况，一次一次地在地铁客运站为来自世界各地的友人进行线路指引、提供关爱服务。

有一次，他送一个美国朋友去地铁站，美国朋友习惯性地给他 100 元小费。

“No！No！”

刁兴宇友好地拒绝了，他告诉美国朋友，他是小义工，义工给有需要的国内外朋友提供服务都是义务的。

那位美国朋友听了以后，向刁兴宇竖起大拇指，连连说：“Good！Good!”

刁兴宇心里暖暖的，再一次感受到“授人玫瑰，手留余香”的快乐。

美味的炸鸡翅

美味的炸鸡翅是谁烹制的？是刁兴宇亲手烹制的。

美味的炸鸡翅是给谁享用的？不是给刁兴宇，而是专门做给来自青海藏区的藏族小朋友关却东智吃的。

2014年8月，在深圳“世界上的另一种蓝”公益行动中，刁兴宇有幸认识了关却东智。

藏族孩子来到深圳后身体出现了低原反应（从高原地区来到1 000米以下海拔地区，身体会出现不适），而且，关却也不适应深圳的高温天气。于是，关却走到哪里，刁兴宇都会帮关却背着书包。他还拿着一个小电扇，亦步亦趋地帮关却降温，而自己却热得满头大汗。

路人都用一种奇怪的眼光看他俩，搞不清他俩究竟是什么关系。

哥哥和弟弟？可相貌一点都不像。

同学？年龄差距又太大。

倒像大街上常见的慈爱的老爷爷老奶奶，在无微不至地呵护着小孙子。

关却来深圳后饮食不习惯，刁兴宇听说关却喜欢吃炸鸡翅，立刻让妈妈买了两斤鸡翅回来，自己上网查视频，亲自学着做。

“坏了，炸焦了！”

“这只不行，还没到火候呢！”

一次又一次，终于成功了，可两斤鸡翅最后只剩下3只可以吃的成品。

关却到现在还想吃兴宇哥哥给他做的鸡翅，他说那是他吃过的最好吃的鸡翅！

汉族藏族一家亲

“铃——铃——”每次家里电话响起，刁兴宇都会像小白兔那样，蹦蹦跳跳地跑到电话前：

“啊哈！兴宇哥哥，你好！”那边是关却东智的声音。

为了帮助藏族好朋友关却东智，2015年暑假，正在深圳市第二实验学校读初中的刁兴宇跟同学杨铭一一起从深圳跑到远在万里的青海藏区科巴村，住到了关却家里。

科巴村是一个贫困村落，刁兴宇知道，为了让关却东智这样的小朋友走出大山，就要开拓他们的眼界，让他们掌握更多的文化知识。

在关却家，刁兴宇负责教关却数学和英语，杨铭一负责教关却语文，刁兴宇还从自己的零花钱里省出1 000元钱给关却发了奖学金。在科巴村里，兴宇还帮助关却家秋收，干各种农活。

假期结束回到深圳后，刁兴宇一直用电话或微信和关却联系。关却遇上什么烦恼的事，也都第一时间给兴宇哥哥打电话。这一次，关却告诉刁兴宇，说他的英语学不好，想请教哥哥怎么才能学好英语。

于是，刁兴宇让人给关却带去了英语学习资料，还带去一个可以练听力的MP4。他怕关却在家里下载听力不方便，特地在网上帮关却下载好了适合他学习听力的课件。刁兴宇还耐心地介绍了自己学习英语的心得。

在刁兴宇一对一帮扶下，关却东智进步非常显著，从开始的普通话沟通最多只能说3个字，到2个月后可以用9个汉字发微信，3个月后可以一口气连贯地说出23个汉字，4个月后可以写800字的童话故事了。现在，关却东智的学习成绩是年级第一名。

友善和无私助人是一种高尚的情怀，更是中华民族传统美德之一。刁兴宇11岁被授予“深圳市十大美德少年”称号；12岁通过认证，成为深圳历史上最小的“五星级义工”；14岁生日那天，刁兴宇签署了眼角膜捐献申请。今年，刚满16岁的刁兴宇，已经是一位有12年义工经历的美德好少年。

威水史*

2011年，被评为深圳市助人为乐“美德少年”。

2012年，被深圳市义工联合会授予“2011年度杰出U站服务之星”称号。

2013年，被深圳市义工联合会授予“五星级义工”称号。

2014年，在深圳市中小学生微公益行动中，被授予“微公益之星”称号。

我向习爷爷说句心里话

习爷爷您好，我是深圳最小“五星级义工”，我为深圳义工代言，请您给我们深圳义工和所有志愿者加油点赞，谢谢！

注：“威水”在粤语中是了不起、威风的意思。

像一株朴实的小草，农村女孩张莉媚在平凡中不断进取，完善自我……

张莉媚：平凡中做最好的自己

清远市清新区龙颈镇镇平小学六年级

12岁的张莉媚总说自己是个平凡的女孩。的确，就读于清远市清新区龙颈镇镇平小学六年级的她，除担任班长外，只是一个性格开朗、天真烂漫的平凡女孩。

像阳光一样温暖着别人

莉媚的家在农村，交通不便，家里距离学校有五六公里路程。一大早，莉媚就要步行一个多小时上学，但她总是准时到校，从不迟到。

莉媚是个有同情心的善良女孩。同村有个小女孩叫张咏宜，刚上小学一年级，与莉媚同读一个学校。她的父亲患病常年躺在床上，母亲又是先天残疾，俗称“小矮人”。张咏宜遗传了母亲的基因，也是“小矮人”，今年8岁了，看上去就像两三岁的小孩，走路还一瘸一拐的，经常跌倒。于是莉媚就主动承担接送她上学、放学的任务。

每天早上，莉媚都去接小咏宜，陪着她一起上学。有时她走累了，莉媚就会背着她走一程，放学回家也是一样，不论是刮大风还是下大雨，日复一日。

莉媚的大爱，像冬日的暖阳，温暖着小咏宜的心。她把这个天天关爱自己的邻居姐姐当成亲人一样信赖。记得有一次，刚开学不久，可能因为小咏宜生理上存在的缺陷，一些不懂事的小同学一下课就围着她看热闹，把她当成小怪物一样，她伤心地哭着对莉媚说：“姐姐，我要回家去，我不读书了！”

莉媚问清楚原因后，找到对咏宜起哄的学生，耐心地劝说他们不要欺负、歧视有身体缺陷的同学，同时又鼓励咏宜要坚强、勇敢地面对。

渐渐地，小咏宜得到了同学们的尊重与认可，再也没人取笑她了。莉媚还主动利用午休的时间帮咏宜补习功课。看着健康开心的笑容在小妹妹脸上绽开，莉媚的心里比喝了蜜还甜。

像家长一样懂事能干

由于家庭经济条件差，莉媚的爸爸妈妈跟村里的其他壮年劳力一样，常常外出打工，留下爷爷奶奶照顾莉媚姐弟俩。莉媚成了名副其实的留守儿童。

其实，更多的时候，是莉媚在照顾爷爷奶奶，因为他们年纪大了，行动不便，并患有高血压等老年病。

莉媚每天早上5点多就起床，给爷爷奶奶煮好早餐后，就立即拿起书包赶路上学。放学回家，她要打扫卫生，煮饭做菜让家人吃完晚饭后，才有时间开始复习功课。

莉媚有次认真算了算自己在家的时间：一是做家务、二是复习功课、三是帮助有困难的人，还真没时间偷懒玩耍呢。节假日，莉媚还到菜园里种菜，担水浇地……虽然累，但她从不愁眉苦脸，整天乐呵呵的。街坊四邻都称赞她是个懂事乖巧、精明能干的好孩子。

像勤务员一样尽责

在爸爸妈妈眼中，莉媚是他们的好帮手。在学校里，她也是老师的好帮手，同学们的好“勤务员”。作为班长，她管着班级教室的钥匙，为了能让同学们提前进教室，她总是比其他同学更早到校，开好教室门，打扫好卫生。放学为了关好门窗，她总是最后一个离开。像这样的班级任务，不管春夏秋冬她常年坚持。

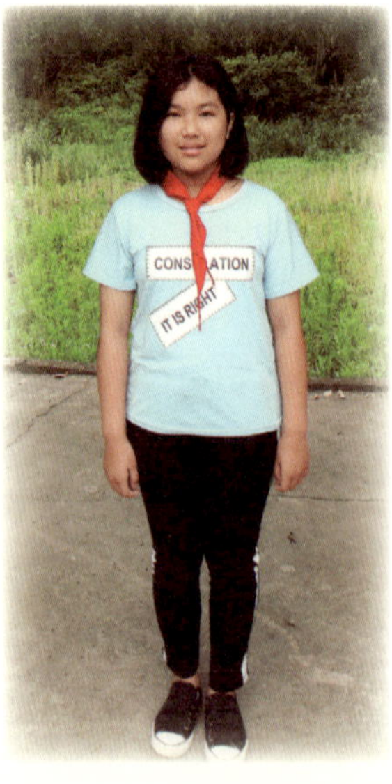

在学习上，莉媚刻苦钻研，遇到不懂的问题总是打破砂锅问到底。她积极参加小组活动，对学习有困难的同学，总是乐于伸出援助之手。她主动要求和后进生同桌，及时给予力所能及的帮助，给后进同学定学习目标，争取共同进步。由于学习成绩优异，她多次获得学校的奖励，常被评为“三好学生”。

张莉媚就是这样一个朴实、平凡的农村女孩，但她不断进取，完善自我，在平凡中做一个最好的自己。

威水史

2016年，在清远市清新区“文明交通齐参与”宣传作品征集活动中，获得一等奖。

我向习爷爷说句心里话

我很敬佩您为祖国的发展劳心劳力，也为祖国的变化感到自豪。谢谢您！我敬爱的习爷爷，您辛苦了！

日松的心里充满着爱，便时常怀着一颗感恩的心，把爱带给身边的每一个人。

日松：把爱写在手心

珠海市第四中学2015级西藏班

每到周日，珠海市第四中学的校道上，常会出现一个娇小美丽的藏族女孩的身影。她时而清扫校道，时而搬运垃圾杂物……不知情的，还以为她是学校的清洁工，其实，她是2015级西藏班的学生日松。作为义工，她是在自觉实践“周日美化校园”的活动呢。

独居老人的“亲闺女”

日松，来自美丽的西藏那曲索县。她是一个对理想有着执着追求的人，自小就立志成为一名藏文老师。对待学习，她从不马虎。她惜时如金，学习成绩在班上一直名列前茅，多次被评为“学习标兵”，曾获得学校藏文书法一等奖。

除了学习成绩好，日松更让同学们刮目相看的是她常年坚持参加公益活动。日松领头成立了学校的义工团，不仅长期坚持“周日美化校园”的义务劳动，还积极参加街道办事处举办的“邻里计划”春节送温情活动。

去年春节，在吉大社区义工队伍的带领下，日松和几个同学带着年货和亲手写好的藏文对联到学校附近的小区探望独居老人。

看到这些老人因子女常年不在家，特别需要关心和照顾，日松可心疼了。于是，她提议给这些爷爷奶奶当一天的“子女”。那一天，日松和其他义工伙伴分头扮演着独居老人的子女，帮他们做饭、收拾房间、打扫卫生、贴春联，还像亲闺女一样与他们聊天、话家常……哄得老人们乐得合不拢嘴。有的老人拉着义工们的手，舍不得他们离开，临别时还坚持把他们送到小区门口。

离开老人，日松的眼睛也湿润了，她想，社会上还有很多人需要我们去关爱、去照顾，她要尽自己最大的能力去帮助他们，只有这样我们的社会才会充满爱、充满温暖。

患病同学的知心姐姐

日松心里充满着爱，便时常怀着一颗感恩的心。看到老师水杯空了，她会给老师递上热水；老师给她东西她会双手接过，然后道谢；在同学遇到棘手问题的时候，她会毫不犹豫地帮助他们。

跟日松同组的一位女同学，先天心脏有问题，曾住院治疗了一段时间，回到学校后，有时仍感身体不适。日松发现后，就悄悄地关注她。

有几天晚上，这位女同学身体不舒服就早早回到宿舍休息。细心的日松知道她需要别人的陪伴，就用自己自习课的时间去宿舍陪她。

女同学很感动，渐渐地将日松当成了自己可依赖的大姐姐。有时候她会说，“我想睡觉”，日松便让她躺下然后给她盖上被子；有时候她也会说，“日松，陪我聊天，我睡不着”，日松就开始找各种话题跟她聊，聊到她开心为止；有时候日松就静静地坐在她身旁，安抚着她，让她安心入睡……

关爱别人最快乐

不久，学校组织去长隆海洋世界游玩。日松知道这位女同学因为身体不适不能前去，但又担心她一个人留在学校会很孤单，就主动向老师申请留下来陪她。

同学们回来都说海洋世界刺激好玩，日松心里多少有些遗憾，但她很释然：“我很开心通过与她的相处，学会了如何照顾别人，关心别人，理解别人。这样的快乐，比任何游玩都值得！”

日松就是这样一个简简单单的女孩，她用爱诠释着她的快乐，并把她的快乐传递给每一个人。

威水史

2015年，获得学校现场书法大赛一等奖。

2015—2016学年度，被学校评为“优秀少先队员”。

2016—2017学年度第一学期，获得“优秀团员干部”称号。

2016—2017学年度第一学期，获得学校“三好学生”称号。

2016—2017学年度第一学期期末考试，获得英语“学科之星”称号。

我向习爷爷说句心里话

习爷爷，虽然您去过很多美丽的地方，但我还是想带您去看看我的家乡——西藏索县，我想您一定会喜欢的。

小小力量无法改变整个世界，但雷嘉宝知道自己所付出的那一点点努力，能为世界增加一份善意和温暖。

雷嘉宝：天使的笑靥

广州市越秀区东风东路小学五年级（12）班

花市上的小姐弟

2015年除夕，广州市北京路。

一个广州小女孩拉着一个来自外地的小男孩，正一蹦一跳地走在游人如鲫的花市上，俨然一对小姐弟。那小姐姐还一边走，一边指指点点：

“这是桃花，这是吊钟花。你看，吊钟花上那一个个花骨朵儿像不像一个个倒挂着的小铃铛……”

正在花市采访的记者，敏感地捕捉住这个温馨的画面，一个个围上来，把镜头对准了他们，手上的相机“咔嚓咔嚓”地响个不停。

这小姐姐就是广州市东风东路小学的雷嘉宝，当时才读三年级呢！

那一年，广州市政府组织“广州过年 · 花城看花”活动，在全市招募10个志愿者家庭作为“花城人家”，接待来自北京、上海等10个市的“友好人家”。嘉宝一家经过重重选拔入选，负责接待来自北京的“一号家庭”。

那些天，嘉宝与家人陪同客人逛花市、品尝广式点心、游荔枝湾、登广州塔、看五羊石像……感受花城浓郁的年味。

一路上，雷嘉宝就像百灵鸟般笑语欢歌。她如天使般纯真友善的笑容，让客人们难忘，也深深打动了现场的《广州日报》《南方都市报》等媒体的记者，一个又一个烂漫开怀的瞬间被定格在照片上，她天使般的笑靥连续五天登上《广州日报》的头版或最重要的前三版，成了好客广州的亮丽名片。

我是你的眼

“啊哈，嘉宝又上媒体啦！”

2017年，在“羊城暖意之你是我的眼”活动中，由100多位志愿者陪同60多位视障人士一起逛广州市西湖路花市。雷嘉宝正好放寒假，她主动提出要跟随爸爸参加这个活动。

在西湖路口，志愿者们把事先准备好的年货礼品分发给残障人士。人小力弱的小嘉宝没有闲着，也努力拎起大袋小袋的礼包递给公公婆婆们。

接着，嘉宝又搀扶着69岁的梁婆婆去逛花市。这是梁婆婆人生第一次“参观”花市。爸爸扶着老人，嘉宝则在前面引路，握着婆婆的手一朵一朵花去摸、去闻、去感受。

梁婆婆一路与嘉宝聊个不停，高兴极了。嘉宝细致地帮梁婆婆用手“观赏”郁金香时，梁婆婆的脸上绽放出幸福无比的笑容。这动人的瞬间被新华社记者拍下来了，小志愿者雷嘉宝献爱心的画面再一次被定格，在当天全国多个媒体平台传播，成为爱心广州的最美写照。

小小慈善拍卖师

雷嘉宝出生在一个充满爱心的家庭。在这个充满正能量的家庭里，美德如同一颗种子，在她稚嫩的心灵里生根发芽。家人的言传身教，让嘉宝从小就养成乐助他人的习惯。雷嘉宝经常跟着爸爸在业余时间参加各种志愿活动，向孤寡老人嘘寒问暖、陪特殊儿童游戏玩乐、为扶贫物资打包装箱、到郊野山林挥锹植树……

在学校，雷嘉宝同样热心助人。她在班上担任语文科代表，老师布置的工作任务，往往是烦琐而零碎的，而且占用不少课余时间，但嘉宝从无怨言。

雷嘉宝还被授予“粤语推广大使”的称号。她经常在学校或班级里推广粤语传统文化，每当班上同学向她请教粤语词汇、粤语发音等相关问题时，她都耐心相助。

小小嘉宝还曾创下慈善义演和拍卖的“威水史”。

2015年12月27日，一个志愿组织举办慈善晚会，嘉宝爸爸是当晚的义务慈善拍卖师。嘉宝也跟着来到了会场。那段时间嘉宝正好随著名的粤语讲古（讲故事）大师彭嘉志学习，看到现场大家的爱心善举，深受感动的嘉宝灵机一动找到爸爸：

“爸，能不能让我登台表演粤语讲古，为公益项目筹款呢？”

爸爸看到了女儿眼中的信心和期盼，便把她牵上了舞台。

开讲之前，嘉宝说出了自己的心里话：“我有一个小小的心愿，就是想为贫困山区的孩子，筹集一些善款，帮助他们解决困难，希望大家支持我！”

小女孩话语朴实却瞬间感动了全场。随后，她字正腔圆一板一眼地表演拿手的粤语讲古段子《火烧赤壁》。

“话说，诸葛亮来到东吴……”

雷嘉宝似模似样且充满童趣的故事表演，也同样打动了场内所有人。一时间，场上的拍卖号牌此起彼伏，善款不断飙升。

最终，嘉宝义演的故事段子《火烧赤壁》单项筹款高达89 300元。主持人宣布，将遵照嘉宝小朋友的心愿，把这笔善款定向用于公益助学用途。

随后，嘉宝又主动提出要协助爸爸担任慈善义务拍卖师。于是父女俩同台为一件又一件义拍品吆喝叫价。嘉宝的童音清脆悦耳，爱心真挚动人，而因为她的善行，当日所有的慈善拍品全部拍出，拍卖总额突破100万元。嘉宝还刷新了广州年龄最小慈善拍卖师的纪录。

当听到别人夸奖的时候，雷嘉宝说，虽然知道自己的小小力量无法改变这个世界，但如果自己所付出的那一点点努力，能为世界增加一份善意和温暖，她就会努力去做。

威水史

2013年，在第十八届全国中小学生绘画书法作品比赛中，获得一等奖。

2016年，在广州市越秀区少先队金钥匙万人读书活动——第三届粤语讲古评比活动中，获得三等奖。

2016年，被瑞典斯德哥尔摩市政府授予“国际友好交流小天使”称号。

我向习爷爷说句心里话

敬爱的习爷爷，我是小小志愿者，经常参加志愿活动，我下次能叫上您一起吗？

万事以德为先。志愿者诸华香关老怀少，以德为美，用一颗炽热的心感动着身边每一个人。

诸华香：以德为美的“小苹果”

河源市广播电视大学2014级学前教育二班

义务女交警

正值下班高峰期，在河源市广播电视大学旁边的公交站，一位脸蛋圆圆的女生，正劝导等车的人们排队上公交车。原来有些混乱，甚至有些吵闹的车站，在圆脸女生的文明劝导下，开始变得秩序井然。

正当圆脸女生松了一口气时，突然，她发现两个旁若无人地低头玩着手机、正想过马路的男同学。

“站住！正亮着红灯呢！”

圆脸女生一个箭步冲过去，就在那两个男同学正要走过亮着红灯的人行横道时，一手一个，硬是把他们拉了回来。

两个男生见制止他们闯红灯的不过是个小女生，脸上似乎有点挂不住了，嘀咕道：“你又不是交警！”

看见两个同学已经站回安全位置，圆脸女生脸上露出了笑意。

“我虽然不是交警，但文明出行是每个公民的行为准则。何况，闯红灯很容易被汽车撞上，这人命关天的事，可是关乎你们自己、关乎你们爸爸妈妈的大事。”

在圆脸女生的劝说下，两个男同学终于心服口服地承认了错误。

这位细心劝说的圆脸女志愿者，就是河源市广播电视大学学前教育专业的学生诸华香。这样热心服务社会、服务同学的事，诸华香不是第一次做，也不是只做了这一件。

抽我的血吧

一天，一辆红十字会的献血车突然开进校园，把诸华香吓了一大跳。

出什么事啦?

原来，医院抢救病人的血不够用了。

爱心满满的诸华香一听，二话没说，第一个排在献血车前面。

“护士姐姐，抽我的血吧！”诸华香挽起衣袖说。

诸华香看着300毫升鲜红的血液，从连接自己手臂的胶管“滋滋滋”地流进了献血袋里，她想象着某个人因为输入了自己的血液而重获生命的场景，心里是暖暖的。

从这件事上，诸华香认识了公益的力量：让更多的人参与，就可以真正地帮助更多有需要的人。于是，诸华香在学校组织了一个爱心社，让更多的同学参加到服务同学、服务社会的公益事业上。

“乖孙女”和大姐姐

到福利院服务老人，是爱心社的一个经常性活动。这一天，诸华香带领着爱心社22个社员来到河源市福利院慰问老人，陪老人聊天。

“你是我的小呀小苹果儿，就像天边最美的云朵……”

当诸华香和同学们又跳又唱地为老人们表演起《小苹果》时，老人们一个个都像吃了返老还童的灵丹妙药，他们笑了，笑得像小孩子，笑得像春天绽放的花朵儿。老人们拍着手一齐跟着唱，有些老人，还像顽皮的孩子，走到场上和同学们一起跳了起来。

有一位老人悄悄把一颗巧克力塞到诸华香手心里，笑眯眯地对她说：“乖孙女，你就是我最喜欢的‘小苹果’。”

诸华香也笑了，她发现，在为老人们带来快乐的时候，自己也收获了快乐。

在为小朋友服务的时候，诸华香同样也有这种感觉。

“四点半学堂”是学校团委与社区合作的一项公益项目，下午放学后志愿者们可以给父母没时间接送的孩子们辅导课业。每周一至周四下午5点，诸华香都带领着爱心社的同学们去那里，辅导小朋友课业，同时教他们唱歌、跳舞、手工。

小朋友们都很喜欢诸华香，每次诸华香离开的时候，小朋友们都会依依不舍地拉着诸华香的手说：

“大姐姐，别走呀。”

在那个时候，诸华香心里涌动的是说不尽的感动与幸福。

金牌环卫工

服务同学，服务社会，很多时候还是一个累活、脏活。

每个月的最后一个周末，诸华香还会带领爱心社的同学们参加清理垃圾行动。她周六早上9点到达指定地点，身穿学校的红马甲，举着小红旗，拿着垃圾袋，在所经过的道路上清理垃圾。

有时候早上天气很冷，冻得诸华香直哆嗦；有时候阳光炙热，烤得诸华香汗如雨下。但无论何时诸华香都无怨无悔，明净清洁的道路是对诸华香辛苦劳动后最大的回报。

特别是那一次，虽然寒冬刚过，但马路上仍是寒气逼人，凛冽的寒风吹得人脸上生痛。诸华香正在马路上捡垃圾，一阵凉风吹来，“啊嚏！啊嚏！”诸华香忍不住连打了几个喷嚏。

就在这时候，诸华香发现附近有一位穿着羽绒服的中年人，拿着照相机，不停地拍下自己和爱心社的同学清理垃圾的照片。当中年人放下相机和诸华香双目对视时，他脸上露出了欣赏的笑容，向诸华香伸出大拇指……

诸华香服务同学、服务社会的行为，也得到学校同学和老师的一致赞赏。她获得了学校“优秀学生干部”和“市优秀志愿者”的称号，并为爱心社争取了学校“优秀社团”的荣誉。

威水史

2014—2015学年度第二学期，被学校评为“三好学生”。

2016年，在学校第十四届学生技能考核周中，获得学前教育专业声乐项目三等奖。

在2015—2016年度河源市职员服务工作中，被评为“河源市优秀志愿者”。

我向习爷爷说句心里话

习爷爷！您真的好有才华呀！我经常看您的新闻，觉得您是个伟大的、很有远见的富有哲学气质的领导者！

捧出我的心，挽住你的手，让人生色彩斑斓，让世界大爱无边。

廖子越：大爱无边的爱心男孩

中山市西区翠景东方小学六年级（2）班

埋下“爱”的种子

“妈妈，让我帮你晾衣服！”还没上小学的廖子越见妈妈准备晾晒衣物，便高声嚷了起来。

妈妈笑了笑：“你太小……”

“我不小了，我会像妈妈那样晾衣服。”廖子越不服气。

“好啊！你试试吧。”妈妈眼里满是期待。

廖子越虽然是父母的独子，但父母从来不对廖子越娇生惯养。廖子越会说话之后，他们就教廖子越读《三字经》《弟子规》，给廖子越讲古代二十四孝的故事。他们常对廖子越说，孝顺不仅仅是挂在嘴边的，更应该体现在平时一点一滴的行动中。从廖子越上幼儿园起，父母就开始教廖子越做一些力所能及的家务活。廖子越在他们的言传身教下，非常乐意学着做，主动为他们分担一些力所能及的家务事。

廖子越个子矮小，晾衣服时够不着高高的晾衣竿，他就搬来一张凳子，站上去再晾。

邻居看见了，对他的妈妈说：“这么小的孩子，就别让他做了吧，多危险啊。”

妈妈笑着摇摇头说：“不怕的，小孩子要多锻炼。”

妈妈一边在下面给廖子越递衣服，一边保护他，让他感到有无比的力量，一口气就把一大桶衣服晾完了。

孝顺、尊敬长辈，是中华民族的传统美德。在父母的教育下，廖子越学会从身边的小事做起，怀着感恩的心去报答父母的养育之恩。

爆米花的爱

妈妈常对廖子越说："感恩社会最好的方式就是服务社会。每个人都可以尽自己的微薄之力帮助需要帮助的人，人字两笔，讲的就是相互支撑。"在妈妈的引领下，廖子越加入了"启创"的志愿者服务小队。每逢周末或寒暑假，妈妈就会带廖子越到社工中心参与各种志愿活动。

2016年8月的一个晚上，一位中年男人路过中山市西区翠景健身文化广场。"叔叔，请你支持我们服务老人的义卖活动，买一包爆米花吧！"廖子越迎上前去，热情地介绍说。

"哦。"男人停住脚步。

启创社开启"给你一个家"长者服务计划爱心送餐活动，廖子越和妈妈是项目组的亲子义工。义工们先通过送餐走访独居老人，收集他们的微心愿，再通过爱心义卖来筹集资金，帮助老人完成心愿。今晚义工们来广场摆好摊位，就是为了义卖。廖子越家这组是负责卖自制爆米花的。廖子越在妈妈的帮助下，认真按照操作说明，大汗淋漓地做好第一炉香喷喷的爆米花，却不知道该怎样吆喝叫卖。而且大热天里，似乎也没有什么人愿意吃这么热气的爆米花。廖子越灵机一动，想出了一个好办法。他请妈妈照看摊位，自己去健身广场周围寻找"目标客户"。

那位叔叔听了廖子越介绍义卖活动的意义，便爽快地跟他到摊位买了第一包爆米花。终于开张了，廖子越一下子有了信心。渐渐地，来健身广场的人越来越多，他一边制作，一边出售，一边还要给前来围观的人讲解活动的意义，忙得不亦乐乎。在一个小时的义卖时间内，廖子越他们准备的原料全部制作成成品并出售完毕。

通过这些活动，廖子越也深深懂得了做一名志愿者，不仅能够帮助到需要帮助的人，为这个社会贡献一份绵薄之力，也能在志愿活动中接触更多的人、更多的事，培养自己的交际能力、沟通能力和独立的人格。

主动请缨担任男生队的队长

春之歌·心苑公益"小明星"艺术团是一个非营利性的社会组织，渴望参加公益表演的廖子越成了公益艺术团的第一批团员。

因为公益演出的多样性，廖子越每周五晚上都要去艺术团参加不同的节目排练：诗歌朗诵、舞蹈、合唱、相声等，节目需要什么，廖子越就认真地学什么。

艺术团的团员们来自不同的学校及不同年龄层次，在排练及外出演出过程中，总有个别调皮好动的小团员让老师头痛。

在中山市西区翠景东方小学读书的廖子越是一个独立自强的好孩子，在学校，他勤奋学习，心系集体，是老师的小助手。“我们公益演出，应该有光荣感和责任感，怎么能没有组织纪律？”廖子越向老师请缨：“让我担任男生队的队长，帮助老师维持排练或演出时的秩序吧！”廖子越充当老师的小助手，保证了排练和演出的顺利进行。

2016年6月25日晚上，廖子越参与了在中山市北区公园举办的“石岐区6·26国际禁毒日宣传晚会”的大型公益演出。廖子越和同学们要朗诵《禁毒三字经》。他作为一名小学生，早就了解毒品的危害，懂得“吸毒一口，掉入虎口”的道理。

“讲禁毒，知古今。教训深，当记住。清朝末，无明主。列强侵，蒙羞辱……”

廖子越和20个演员，穿着古代服装，齐诵《禁毒三字经》。他带劲地诵读，希望为社会禁毒做贡献，希望自己的表演能使群众在欣赏晚会精彩节目的同时，认识毒品的危害性，自觉远离毒品。

他和团员们的精彩表演受到了与会领导和嘉宾的一致好评。公益演出给了廖子越更大的成长和发展平台。因为爱，所以爱。廖子越在奉献和付出的同时，收获了更多的快乐。

威水史

2015年，在第一届“妙语连珠”成语电视大赛中，获得三等奖。

2015年，在第七届智力运动会国际象棋三四年级男子组比赛中，获得第一名。

2015年，在中山市中小学生食品药品安全宣传齐参与知识竞赛小学组决赛中，获得冠军。

2016年，在小学数学“育苗杯”通讯赛中，获得一等奖。

2016年，在中山市西区英国文化活动周诗歌创作大赛中，获得二等奖。

我向习爷爷说句心里话

感谢习爷爷每日每夜为我们操劳，我一定会像您一样尽自己最大的努力来回报社会的！

陈明燕被誉为“信宜最美女孩”，不仅是因为她的容貌，更因为她有一颗金子般乐于奉献的心灵。

陈明燕：义工团里的最美女孩

信宜市第一中学高二（28）班

高高瘦瘦的陈明燕是个美丽的女孩，那双会说话的大眼睛，那对笑起来就像溢满美酒的小酒窝，无论怎么看，都让人赏心悦目。然而，被誉为“信宜最美女孩”，不仅是因为她的容貌，更因为她有一颗金子般乐于奉献的心灵。

志愿者的种子在心里发芽

陈明燕从小性格开朗，乐于助人，在家里还是个孝顺的孩子，不仅会帮助家人分担家务，还会经常陪年过七旬的奶奶散步。每次外出都会给奶奶带份小礼物，哄得奶奶乐得合不拢嘴，街坊邻居都羡慕她奶奶有个这么孝顺的孙女。

2015年6月，15岁的明燕如愿成为信宜义工团的一名志愿者。她参与的第一个志愿活动是“千里寻亲”，为池洞镇一位患精神病的妇女寻亲。明燕永远也忘不了第一次见到这个妇女的情景，衣衫褴褛的她带着年幼的儿子，蜷缩在一间摇摇欲坠的泥瓦房里……善良的小明燕，心头一紧，流下了眼泪，她暗下决心无论如何也要帮这对可怜的母子找到亲人。

明燕和她的志愿者伙伴们马上行动了起来，在网上发布“千里寻亲”热帖，很快得到了全国各地志愿者的响应，最终联系上了这对母子在四川的家人。送母子回四川的那天，明燕与志愿者们早早赶去为母子俩收拾行李，还专门为他们换上新衣服。即将上车了，这个经常神志不清的妇女，居然流着泪，对着大家清晰地说了声“谢谢”……明燕的眼睛也湿了，她深深地感受到这个妇女那一刻的心情，同时也被这人间大爱所感动，明白了志愿者团队的力量是多么伟大。立志终身做志愿者的种子，在她心里生根发芽。

救灾队伍里的“最美女孩”

信宜一中有一个久负盛名的爱心社。2016年，明燕以在信宜义工团骄人的业绩光荣地成为其中一员，并荣任副社长一职。任职期间，明燕多次组织社员们一起探望福音特殊学校的小朋友，把关爱带给这些残疾儿童。也许是因为明燕常来探望，孩子们看见她到来就飞奔过去拥抱她。明燕也会张开手臂，单膝跪着拥抱孩子们，她说，看到孩子们健康成长便是她最大的安慰。当小朋友亲昵地在她脸上贴小红花时，明燕开心极了，她想这也许是孩子们在无声世界里，对她爱的表达吧。

2016年5月20日，一场百年不遇的特大暴雨突袭信宜市并引发洪灾。明燕看着新闻报道里家乡多处受灾的情况，心急如焚。第二天是周末，她原本在家自习，但见到信宜义工的微信群里有召集协助清理洪灾过后街道淤泥的活动，就毫不犹豫地报名参加了。

她跟着义工队伍来到受灾比较严重的旧街。洪水退后，满大街都是淤泥和垃圾。有的地方，淤泥的深度已漫过她的小腿。当时她正准备赶去一个受灾的商户处帮忙，突然见到在街边站着一位带着小女孩的老奶奶。她们本是要走到街道的另一边去的，小女孩也许是因为害怕，一直吓得不敢迈步踏进淤泥中。

见到这个情景，明燕二话不说，马上跑过去，双手抱起两腿都是泥巴的小女孩，趟着泥泞跟着老奶奶向街对面走去……然后才匆匆赶去与其他义工会合……

不想，陈明燕在泥泞中怀抱小女孩的镜头被路人定格，随即在网上疯传。明燕这个小小的举动，宛如一缕春风，温暖了人们的心，网友们亲切地称她为“信宜最美女孩”。

“弯腰行动”感动家乡

其实，明燕主动参与志愿者活动已有三年多了，她把一次次的公益活动融入自己的日常生活，像吃饭睡觉一样自然。

刚刚结束的“五一”小长假，在自己的家

乡——合水镇镇区，陈明燕领着一群放假回家的中学生走上街头，一次次弯腰捡起地上的各种垃圾碎屑，不怕脏不怕累不怕晒，用实际行动美化家园，传播文明。这个名为“弯腰一秒，美化家园”的公益活动，一下子就成为合水镇上一道靓丽的风景。

学生志愿者们这一小小的“弯腰”行动，感染了合水镇的乡亲们。

不少街坊竖起大拇指表示：“这些学生哥学生妹是好样的，我们不但要尊重他们的劳动成果和美好愿望，更要向他们学习，不乱丢垃圾，养成良好的卫生习惯。”

陈明燕常说，赠人玫瑰，手有余香。做美德的传承者和发扬者，让爱传出去！陈明燕是这样想的，也是这样做的。

威水史

2016年，在茂名信宜市5·20救灾中，被誉为“信宜最美女孩”，并获得杨永辉将军“不忘初心”的题词。

我向习爷爷说句心里话

习爷爷，您的笑容非常和蔼慈祥呢！我参与义工活动已经三年了，希望有您的支持，那些无家可归的人都有住处，再也不怕冬天的寒冷和夏天的炎热。

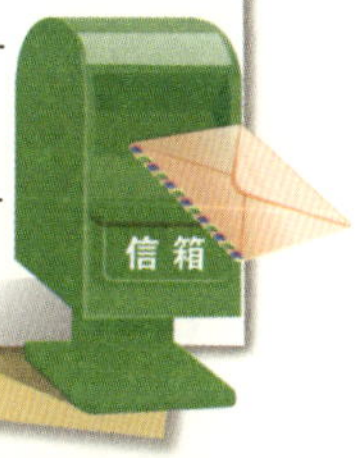

因为当义工，年纪小小的谈梓茵目睹过苦难，目睹过无助，所以，她特别珍惜自己所拥有的一切。她怀里有一大捧玫瑰，爱的玫瑰，随时准备拿出来赠人。

谈梓茵：手拿一枝爱的玫瑰

江门市紫茶小学五年级（14）班

谈梓茵是江门市紫茶小学五年级的学生、大队委，小小年纪的她竟然是广东省江门市的注册义工。一听“注册义工”这个名词，我们肯定会第一时间想到那些大学生哥哥姐姐，想到各种大型活动中那些戴上鲜艳彩带辛勤服务的身影。可小学生要上学，要做作业，哪里有时间跑到大街上去为人民服务？但是梓茵说：“赠人玫瑰，手留余香，通过帮助别人，我们既看到了社会上还有很多需要大家关爱的人和事，也看到了自己身上的不足，其实也是帮助了自己，这些是我们在课本里难以直接学习到的。所以，即使学习再忙，我也会抽出时间来参加义工活动。”

谈梓茵很喜欢说“赠人玫瑰，手留余香”，听起来像个小大人，这句话她是跟妈妈学来的。原来，她就生活在一个义工家庭里，一家三口都是江门市的注册义工。平常，爸爸妈妈和梓茵最喜欢做的就是一起浏览江门义工APP，看看有什么适合他们的义工活动。一开始，梓茵不理解：“妈妈，我们为什么要去帮人，放假带我去玩一下不可以吗？”这时候，妈妈就会对她说：“赠人玫瑰，手留余香。”可梓茵还是不明白，手里没有玫瑰呀！但是，跟着爸爸妈妈出去多了，看着那些接受了自己帮助的人脸上的笑容，梓茵真的觉得自己的手上留有芳香呢！

从小到大，梓茵不知跟着爸爸妈妈去帮助过多少人。很多个假日，爸爸就开着自己的车，带上梓茵和妈妈，带上一些生活用品，踏上扶贫的路，叩响一扇扇破旧的门，送上他们手上的“玫瑰”。江门一带的贫困村庄都留下了这个“玫瑰家庭”的足迹。

2013年，梓茵一家参加完一次扶贫活动后，爸爸就在义工网给梓茵注册了义工。于是，梓茵正式成为爸爸单位义工队的一员，从此走上了助人为乐的“玫瑰之路”。

2013年冬的一天，上二年级的梓茵和爸爸妈妈起得特别早，经过两个多小时的车程，他们来到了台山市冲蒌镇前锋村，参加扶贫慰问活动。他们首先来到廖庭就老爷爷的家。廖爷爷已经90岁，是个困难党员，低保户，和80岁的廖奶奶相依为命。一踏进家门，破旧的砖瓦房、简陋的家具、幽暗的光线和让人窒息的霉臭味扑面而来，梓茵的眼睛开始模糊了。老人家腿脚不便，走不了太远的路，只有在肉贩子走街串巷时才可以买到一点肉类；他们家还没有热水器，每天只能烧一点热水，用脸盆装着，在屋子里擦一下身体……梓茵和爸爸非常认真地记录着，梓茵一边记录，眼泪一边在眼眶里打转。她放下笔，拿起慰问金、生活用品送到廖爷爷手上。这时，梓茵终于看到廖爷爷露出了难得的微笑。要告别了，老爷爷、老奶奶还一直站在门口目送，依依不舍地向梓茵他们挥手。梓茵再也忍不住了，泪水直往下掉，妈妈轻搂着她，走向下一个帮扶家庭。

第二个帮扶家庭里有一位与梓茵年龄相近的人——读四年级的廖苑群。出发前，当梓茵知道廖姐姐的愿望居然是想要一盏台灯时，就马上用零花钱去超市买了一盏崭新的台灯，还在家里找出了毛毛虫公仔和美术用具，打算给廖姐姐一个惊喜。

走进廖姐姐的家，梓茵看见一个长得和她差不多高的小姑娘。这小姑娘坐在一张凳上，由始至终都低着头，很害羞。梓茵想，这一定就是廖姐姐了。于是她热情地走上前去问：“你是廖姐姐吗？”说着，递上自己带去的台灯和礼物。看着眼前这些漂亮的物品，廖苑群脸上终于露出童真的笑容，像是忘掉了所有烦恼一样，眼睛眯成了一条线。梓茵好开心，她马上拉着姐姐的手，一起玩毛毛虫公仔。

玩了一会儿，梓茵提议：“我们一起画画好吗？”苑群犹豫了一下。梓茵拿出自己带去的美术笔和颜料，她们就真的画了起来。梓茵给这幅画起了一个题目：《我的梦想》，她先画了马路上飞驰的汽车，还有在海里自由游玩的鱼，廖姐姐画了漫天的星星和一棵长满果子的苹果树，树下还有一只调皮的小狗……她们在一起玩啊、笑啊，快乐的时光仿佛要永远在这小屋里停留，要不是同来的义工姐姐反复催促，她们还舍不得分开呢。临走前，梓茵跟廖姐姐互留了通讯方式，她们后来成了好朋友。

因为当义工，年纪小小的谈梓茵目睹过苦难，目睹过无助，所以，她特别珍惜自己所拥有的一切。她珍惜自己的学习生活，感恩自己遇到的一切都充满爱。她爱学习、爱班集体、爱自己的学校，只要是能为学校奉献的活动都积极参与。她毫不吝啬地为灾区伙伴捐款捐物，她经常到孤寡老人家里，给爷爷、奶奶唱歌，打扫卫生；她当大队委，经常牺牲自己的课余时间去帮助老师管理课间纪律……她做得非常快乐，因为，她怀里有一大捧玫瑰，爱的玫瑰，准备随时拿出来赠人。

威水史

2014年，在第九届香港国际青少年艺术节广东赛区初赛中，获得钢琴项目银奖。

在2014—2015学年第二学期学校优秀作文集评比中，获得一等奖。

2016年，在江门市第八届运动会学校体育组健美操比赛中，获得小学组轻器械套路第一名。

2015—2016上半学年，获得学校“三好学生”“优秀护旗手”“优秀中队干部”称号。

2016年，在学校第四十届运动会中，获得女子跳远项目第一名。

我向习爷爷说句心里话

习爷爷，看着您每天为国家大事操碎了心，真想弹一首曲子给您听，让您好好放松。

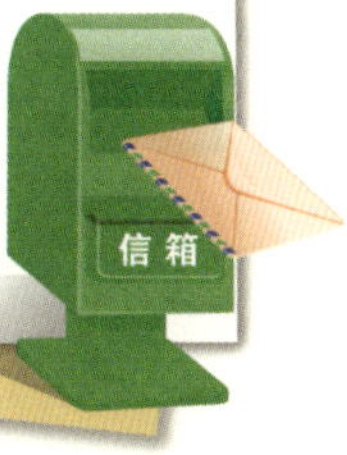

“让他人因我的存在而感到幸福”是他的理想，也已经是他自然而然的生活常态。为了那一张张幸福的笑脸，他用善良和博爱践行着自己的这个宣言。

袁鑫伦：在志愿者的路上一直走下去

汕头市第一中学高二（27）班

“鑫伦，祝贺你，这次大型考试又得了年级文科班第二名的佳绩！真不敢想象，你担任这么多学校工作，怎么学习成绩还是这么优秀？”

“是啊，付出就会有回报。相信我，上课认真听讲，勤于思考，课后高效完成作业，是成绩优秀的保障。其实，我还有一个独门绝技，这个绝技让我学习更有动力。”

“快说说，什么绝技？”

“知不知道为什么我经常找你们交流学习心得，讨论各学科的难题错题？为什么我组织‘学习小组’活动，帮助大家整理复习提纲？其实大家学习的过程也是我学习的过程，在讨论中梳理知识，在交流中强化记忆，事半功倍啊！”

原来，帮助别人也是成就自己。

在完成紧张繁重的学习任务的同时，袁鑫伦承担了许多学校和班级工作，他是高二年级团总书记、学生会秘书处干事、班团支书。现在的他安排工作、组织各项活动驾轻就熟，沉着老练，得益于一次又一次的磨炼。他至今清楚地记得自己第一次策划的“校创造节”。第一次写策划书，第一次做场地规划，第一次制定活动规则，第一次制作活动海报，从无到有，不断改进。作为一个被同学誉为“有完美主义倾向”的人，鑫伦要求自己尽最大的努力做到最好，光策划书就改了不下8次。“每一个项目都要考虑到可行性、热门程度，更要考虑安全性、公平性，不得不说，举办一个完整、优秀的活动必须下一番苦功夫。”鑫伦感慨地说，“工作很累很烦琐，但我很满足，因为那份沉甸甸的收获是我在日常生活中很难体验到的。”

因为工作突出，成绩优异，鑫伦在初三获得“广东省优秀学生干部”的殊荣，还在学校推荐下跻身省学生联合会，成为广东省唯一一个初中生学生委员。

在学校是学霸，是工作达人，走出校门，鑫伦积极投身志愿服务，以同样的激情服务社会，奉献社会。“电视宣传和老师的言传身教，使我认识到帮助他人并不拘泥于捐钱捐物，通过实际行动参与志愿服务，也是帮助他人的有效途径。所以当我第一次看到志愿服务的报名表时，便毫不犹豫地报名参加了。”那次志愿服务是协助交警管理交通。为了熟悉各种交通规则，鑫伦提前半小时到达现场，虚心向老交警请教，在十字路口完成了历时2小时的志愿服务活动。

一次，鑫伦去探望残疾儿童，为他们送去图书，与他们玩游戏。身在这些看不见光明、听不懂欢笑的孩子中间，鑫伦发现，尽管他们身患残疾，但个个脸上都挂着阳光般灿烂的笑容，还不时竖起大拇指向哥哥姐姐表示感谢。鑫伦不禁感触良多：参加志愿服务的确占用了许多时间，也确实辛苦，但帮助他人收获到的是满满的快乐和温暖，心里十分知足和自豪。看到身边许多同学和朋友沉迷网络，鑫伦总是提醒他们，不妨从电脑游戏中解放出来，参与到社会志愿服务活动，去感受真正的世界，留下值得回忆的印记。

马上就要升上高三了，鑫伦和其他同学一样希望考入理想的大学。他觉得进入优秀的大学，能学到更多的本领，认识更多志存高远的人，因而才能更好地选择自己的人生道路，更好地服务社会。

“我一定会在志愿服务这条路上坚持走下去，无论身处何方，不管学习多么紧张，工作多么繁忙，我都要坚持，因为我喜欢看那一张张灿烂的笑脸，听到那一声声温暖的致谢。”“让他人因我的存在而感到幸福”已经是他自然而然的生活常态，他在用善良和博爱践行着自己的这个宣言。

威水史

2014—2015年度被评为广东省“优秀学生干部”。

我向习爷爷说句心里话

习爷爷，每天在电视上总看到您忙碌的身影，多么辛苦啊！可是您的脸上始终洋溢着慈祥的笑容。我们知道您心中装的是国家和人民。我要向您学习，积极乐观，坚持参与义工活动，为家乡和祖国出力。

何芷晴五年来坚持参加志愿者的工作，她想通过自己的努力，把别人，也把自己变得更好，让社会因为每个人的付出变得更加和谐温暖！

何芷晴：用爱心托起美好的明天

广州市花都区新华中学高二（4）班

护花使者

2017年除夕晚上，当家家户户都高高兴兴阖家团聚的时候，广州市花都区新华中学的何芷晴来到了花市当“护花使者”。

“叔叔，叔叔，别砸那些花，好吗?”

突然，何芷晴发现前面有一位花农举起棍子，正要砸在花盆上，她赶快上前制止。

这是怎么一回事呢?

原来，每当花市结束时，一些花农都会把剩下的花砸掉。这样做既严重影响了环境卫生，又造成了资源浪费。因此志愿者在每年除夕的时候，都会开展“护花使者”活动。他们说服花农把卖剩又不打算运走的鲜花盆栽捐献出来，再送去社会福利机构或敬老院。

何芷晴参加这个活动已经三个年头了，家里也因为她要去参加护花行动而提早吃年夜饭。每一年除夕她都会比其他志愿者早两个小时到达现场，穿上志愿者服在花市穿梭“巡场”。

经过劝说，花农终于放下手中的棍子，把剩下的花留下来。最令何芷晴高兴的是，有的花农体谅何芷晴一个小女生工作辛苦，还会推上自己的手推车，帮她把花盆送到集中处理剩花的地方。

其实，刚参加志愿者活动时，何芷晴还是懵懵懂懂，后来有一件事打动了她。那次她和其他志愿者把收集到的剩花送到花都康乐村时，中途车辆出了问题，延误了到达时间。在他们快到康乐村的时候，何芷晴看到村长站在村口左顾右盼，担心他们在路上是不是出了什么意外。但是村长始终坚信，何芷晴他们无论如何都一定会把花送来。

而且，何芷晴还惊喜地发现，往年送过去的花和橘子，都被长者们小心翼翼地种了起来。

看着自己送去的花被老人们悉心照顾着，何芷晴觉得很温暖。她真正领悟到一个人最大的快乐是给别人带来快乐的道理！

融爱计划感动我心

这一年，何芷晴成了“花都融爱教室”负责人之一，负责辅导24个环卫工人的子女的课业。这些都是小学生，因为家庭经济、生活等各种原因，他们中的许多人都有心理问题。

其中有一对小哥俩非常自卑、害羞，总是一起坐在教室的角落发呆，不和任何人说话。但是，何芷晴从兄弟俩的眼神中看出，他们其实也很渴望像其他小朋友一样一起玩、一起闹，不过他们似乎欠缺了一点勇气。

何芷晴尝试着与小兄弟俩聊天交流，但是他们一句话也不跟她说，除了端正坐着还是端正坐着。不过何芷晴并不气馁，仍然不断地给他们讲故事、说笑话，不断鼓励他们。慢慢地，他们愿意跟何芷晴说话了，虽然说得不多，但已经让她感受到自己的努力有了一点回报。

随着沟通的深入，小兄弟俩渐渐对何芷晴敞开了心扉，每次看到她的时候都会笑着喊一声：“芷晴姐姐！”

终于有一天，小兄弟俩害羞地走到何芷晴身边，在她耳旁悄悄地说了一句话：

“芷晴姐姐，其他同学都有自己的节目，我们也想表演，但我们只会朗诵古诗，你说可以吗？”

何芷晴听了后很激动，他们终于敢迈出第一步了！

“当然可以！”

何芷晴不断激励小兄弟俩，还手把手地教他们一些朗诵方法。小兄弟俩很努力地练习，每次看见何芷晴出现，都说要朗诵给她听。他们不再是以前自卑害羞的小男生了！

改变你我，从行动开始

康园工疗站是专门为智力有缺陷的孩子设立的慈善机构，何芷晴每周三都会到工疗站看望这些孩子，这已经成为她五年来的习惯。

记得第一次去那里的时候，何芷晴教孩子们跳《感恩的心》手语舞，一开始孩子们都不愿意动，只是直勾勾地看着她在讲台上做动作。

这可怎么办呢？

何芷晴换了一个办法，玩起小朋友们都喜欢的“玫瑰花开几朵”游戏，让他们在游戏中慢慢地放开自己。后来，何芷晴又说：

“谁玩游戏玩输了，就要跟着我学一个动作。”

这办法果然奏效！先是一部分孩子在玩中慢慢地把动作学会了，剩下的人因为怕自己落后，都过来找何芷晴学习。

没多久，所有孩子都把动作学会了！这些不爱与人沟通、习惯性把自己封闭起来的孩子，居然慢慢敞开了自己的心扉，勇敢地学着手语舞。尽管他们的动作有点笨拙，学得很慢，但是他们学得特别认真。

最后，何芷晴布置了一项作业，让他们回家后，把学到的手语舞表演给爸爸妈妈看。有一个孩子的家长看了自己孩子的表演，为她的孩子学会了与人交流，敢于参加集体活动而兴奋不已，跑到学校抱着何芷晴喜极而泣！

何芷晴也感动得哭了。她知道自己做了一件很温暖也很有意义的事情，既帮助了一个人，帮助了一个家庭，也帮助了社会。

这也是何芷晴一直把志愿者的工作坚持做下去的原因，她要通过自己的努力，把别人，也把自己变得更好！让这个社会因为每个人的付出变得更加和谐、温暖！

威水史

2015年，在广州市花都区第九届中小学生书信节优秀书信评比活动中，获得三等奖。

2016年，在广州市花都区第二届中小学生美术作品展中，获得中学组三等奖。

2016年，在学校“五大标兵，十大好儿女”评选活动中，被评为年级“五大标兵”之“雷锋标兵”。

我向习爷爷说句心里话

敬爱的习爷爷，在您的领导下，我们的祖国变得更加繁荣富强。我会谨遵您的教导，撸起袖子加油干，为建设祖国和家乡出一份力！

创新好少年

想象力、创造力从哪里来？要从刻苦的学习中来。知识越学越多，知识越多越好，你们要像海绵吸水一样学习知识。既勤学书本知识，又多学课外知识，还要勤于思考，多想想，多问问，这样就能培养自己的创造精神。

——2013年5月29日，习近平同志在北京市少年宫参加“快乐童年　放飞希望”主题队日活动寄语

很幸运地生活在中国高速发展的和平安全大环境里。看！华为攻克5G、高铁世界领先、航天突飞崛起……未来的我也将投身其中，为祖国的科技进步贡献自己的全部力量。

朱彦臻：好多专利的“破坏大王”

惠州市第一中学高一（2）班

朱彦臻是个天赋异秉的孩子！拥有这样一个孩子的父母可遭了殃了，他生来就好像是要专门来家里搞破坏的。

他的妈妈说他应该是带着工具出生的破坏大王。两三岁时最喜欢做的事情是拿着钉锤、螺丝刀到处乱戳，结果家里的墙壁上不知道哪天冒出好多个洞洞来，木板制的门也被锯子锯上了深一条浅一条的小沟沟。

8岁那年，为了研究纸巾被火点着了会发生什么现象，他把一片片纸巾放在容器里点着火。一块燃烧着的纸巾受气流影响突然飞了起来，落在他的头上，头发瞬时被点燃。幸好，妈妈及时发现，冲上前，用衣服在他头上一顿乱拍，才避免了更大悲剧的发生。

其实，这不算什么，这只是让他的爸妈头痛不已的各种破坏行为中的小事件。

还有一次，他决定要给家里人弄个大惊喜：“把太阳能弄到家里来，让我们家可以使用上免费的电。”

他先是软磨硬泡，哄爸妈给他买了一块大功率的太阳能电池板，等到爸妈都不在家的这一天，就迫不及待地开始行动了。

先把电池板固定在阳台一个当阳的地方，这个地方一整天都照得到太阳。接下来就得用到电线了。哇！从阳台到厕所至少得有十来米远哦，如果一根正极线和一根负极线，两条至少要20多米啊，手上用来做实验的电线全用上也不够，怎么办呢？

没关系，爸妈不是有好几个充电器吗，上面有电线，另外一些插座上也有电线。（可怜的插座和充电器，全都莫名其妙成了牺牲品！）他把这些线全都剪下来，剥开外面黑黑的胶皮，露出想要的电线。然后把这些电线一条条接好，达到需要的长度。

接下来，他想，这电线走地板肯定不方便，妈妈每天要拖地，万一她心情不好，把电线扯掉了怎么办？于是他决定把这些电线贴到天花板上，让它们沿着天花板走进厕所。

他搬来梯子，把电线一段一段地用双面胶固定在天花板上。忙乎了一整个上午之后，家里的天花板看上去像打上了绷带的伤兵脸。

电线接进厕所后，接下来还差一个开关。这个很好办，家里刚好买了一个MP3机，上面就有一个他可以用的开关。于是他用螺丝刀三下五除二把机子打开，将开关卸下来，接在电线上，最后再接上家里的台灯。

接通了！台灯亮了！！成功了！！！

“哈哈哈，我们家终于用上免费的电了！等着爸妈回来对他们儿子的无比赞赏吧！！哈哈哈……”

当妈妈下班回家，推开门的一刹那，没有惊喜，却是得了一个大惊吓！她目瞪口呆地看着这个面目全非的家：

天花板上满是胶布，从阳台到厕所散落一地的胶皮和电线皮，还有满地的插头（可怜充电器的尾巴已经被割掉了）……

妈妈顿时勃然大怒，冲上前，抓住他，噼里啪啦在他屁股上乱抽了几巴掌。

“这些充电器还有用的，你竟然把它们全部剪掉……”

晚上，他爸爸回到家，听着妈妈向爸爸唠叨剪充电器的电线的事，屁股还火辣

辣地痛着的他却又开始在琢磨：晚上没有太阳光，太阳能板没办法储存电，晚上厕所还是没法用到太阳能转化的电。什么时候得想个办法，弄个电容回来，把电能储存起来，这样即使遇到下雨天，也可以从电容里供电……

“破坏大王”就这样在家里不断进行着无数个“破坏活动”，幸福快乐地渐渐长大。

忍耐度超级强大的“破坏大王”的爸爸妈妈，虽然在气急败坏的时候也会冲过去猛拍他的屁股，但更多的时候，他们竟然还是会按他的要求，帮他买来电钻、切割机、焊接机等很多小朋友听都没有听说过的高级工具，并教他如何安全使用。

在他读小学三年级的时候，很偶然的一个灵感，他发现了家里的台灯除了照明外，很多光能都浪费了。他就用太阳能电池板，把这些浪费的光能收集起来转化为电能，实现了光能的第二次利用。这个发明让他拿到他的第一个国家专利——一种台灯灯具结构。

紧接着，后来的每一年，他都发明一个国家专利。

朱彦臻说——

“回忆着童年时的破坏和让父母生气的场景，妈妈拍打屁股时的疼痛早已经忘记，而留在心里的是我父母对我的宽容，是他们支持我搞创新的举动，这才是我成长过程中的喜悦和幸福。

“其实创新发明并不是一件很困难的事情，只要在生活中多点思考、多点观察，多想着为人们的生活提供方便，就会不断有发明出现。

“2015年，我参加全国第七次少先队代表大会，受到习近平主席等国家领导人的接见和肯定；2016年又被团中央评为‘最美中学生标兵’；我感受到来自各方面的鼓励和力量，我希望自己有一天能够报效祖国，感谢一路以来大家对我的爱护和培养。

“现在的我是一名青春的高中少年，不再懵懂。梦想也越来越清晰，我希望自己能考上一所好大学，学习人工智能信息专业，将来推动我们国家人工智能的发展和跨越，并希望能在这个领域中成为开创世界最先进水平的人工智能模式中的一员。这是我的梦想，我相信有一天我一定能实现这个梦想。”

威水史

2014年，作品《一种方便奶瓶》在第八届国际发明展览会上，获得“发明创业奖·项目奖”金奖。

2015年，作品《高速路新型无卡智能放行装置》在第三十届广东省青少年科技创新大赛中，获得学校“校长创新奖”。

2015年，在RoboCup青少年机器人世界杯中国公开赛暨中国机器人大赛中，获得二等奖。

2015年，获得第十五届“广东省十佳少先队员”称号。

2015年，在全国“最美中学生”寻访活动中，被推选为“最美中学生”标兵。

我向习爷爷说句心里话

敬爱的习爷爷，每次在电视里看到您出访国外，向世界人民展示我们国家的智慧和伟大的时候，我就有一种深深的民族自豪感。我希望在实现中华民族伟大复兴的梦想里，贡献我的一份力量！

多思考生活中的问题，科技创新的灵感就会源源不断。

成志洲：处处留心皆创新

东莞市东莞中学松山湖学校高二（12）班

太空漫步引发的科技兴趣

电视上传来酒泉卫星发射中心的指挥官一声号令，“神舟七号”载人航天飞船发射了！

随着飞船快速升空，“哗……哗……哗……”的惊叹声在课室回响。

那是2008年9月25日上午10时发生的事情：学校组织全校师生在教室内观看“神舟七号”载人航天飞船发射直播，直播时老师边讲解学生们边观看。

那时成志洲刚读小学三年级，这是他第一次接触前沿科技，火箭升空的全过程令他目瞪口呆，想不到科技的力量居然如此强大，能够让人类有机会冲出地球去探索宇宙的奥秘！9月27日下午快放学的时候，学校组织成志洲他们观看“神舟七号”航天员太空漫步。老师说这是中国历史上第一次的太空漫步，中国是依靠在航空航天领域的自主科技创新才取得这样的成绩的。

“我也要为祖国的科技创新做贡献！”成志洲在心里暗暗地说。他开始对科技创新有了浓厚的兴趣。

创新哪有那么容易

东莞中学松山湖学校有着浓厚的科技创新氛围，这让在这里读高中的成志洲迷上了科技创新。

“可创新哪有那么容易！”成志洲也有陷入迷茫与困境的时候。

成志洲在初中时曾经获得地理学科竞赛市级二等奖；2014年，他还参加了全国“地球小博士”地理科技竞赛，发表了一篇关于环境可持续发展的文章，获得了国家三等奖……“这些成绩，只代表过去，我的创新作品在哪里呢？”他总是想着如何突破自我。

有一天，成志洲在网上查资料找灵感累了，决定放松一下自己，便信步走出家门。他发现邻居们要收快递很不方便，通常是送快递的人将货品拿来了，收快递的人又不在家。“我何不设计一种在户主家门口自动收快递的自动收物装置？”成志洲高兴了，他想，要搞科技创新，可不能总是待在家里胡思乱想，或者在网上天马行空乱逛，得走近人们的生活，了解社会的需要，这样才能找到研究的方向！

成志洲将想法跟父母和指导老师进行交流，在他们的指点下，他设计出了一种在户主家门口自动收快递的自动收物装置：送快递的人会把取件码通过短信发给收快递的人。收快递的人到快递柜触摸屏输入短信的取件密码，柜门会自动打开让你拿货。

当时，现在很流行的快递柜还未普及，成志洲的这个创新构思新颖、实用，很有价值。但由于他没有将这个作品制作出来的条件，这个作品在2016年的广东省少儿发明大赛中仅获三等奖（大赛评选标准之一是要有作品实物）。成志洲感叹创新哪有那么容易。他为自己鼓劲：今后要构思出更加容易制作出实物的发明来！

雨天带来的创新灵感

2015年暑假的一个雨天，成志洲在一个偏僻的路段等车。一辆出租车里面只有一个乘客，好心的司机和乘客顺路带上了他。乘客坐在副驾驶，成志洲坐在后排。

到达另一乘客的目的地时，正下着大雨，那位乘客下车时忙着打伞，只用很小的力去关门，结果车门未关紧。出租车的驾驶座和副驾驶座之间隔着铁丝网，司机只好跑出车去关紧副驾驶的车门。看到这成志洲不禁为司机心疼，同时也思考了起来：车门未关紧的情况频频出现，甚至会导致安全事故。能不能做一个最方便、最轻松的关紧门装置呢？

一年半过去，成志洲经过对“半自动关车门”“关门装置”等进行研究，终于找到了用电磁铁锁门的方法。

利用电磁铁来关紧车门，有一个问题需要解决：未关紧的车门需要多大力来关紧？

成志洲家附近工业区做模型的工厂里有精确的电子测力仪器，成志洲想向他们借用。

“这种仪器一般在实验室内使用，你要测试的车辆很难进入，若要测试几种品牌汽车的力，那是很困难的。”工厂的技术人员一脸为难。

“怎么办？”碰了壁的成志洲只能从新的角度思考测试的方法。

“关紧车门的车只需要一个大概的范围，不需要精确测出。”指导老师提醒成志洲，“能不能用握力计试试？”

成志洲豁然开朗：“体育训练常用的握力计只有一本教材大小，非常有利于测试操作。只要在握力计的手柄上加装延长木架，木架直接接触车门，用力把车门关紧的过程中同时读出计数！”

他按照这个全新的测量数据思路，很快制作了一个简单而实用的测力器。“有了它，什么车门的关紧用力的数据我都能找到！”

奔驰、大众迈腾、雪铁龙……成志洲一一测试使未能上锁的车门关紧的力（单位：N），终于，他找到了关键的数据：在常见的车中，关紧车门的力大都不超过250 N。

成志洲买来电磁铁、汽车模型，制作了“一种防止车门未关紧的装置”的模型。

2017年3月17—19日，第三十二届广东省青少年科技创新大赛在广州执信中学举办，经过紧张激烈的封闭答辩、专家评审等环节后，成志洲发明的“一种防止车门未关紧的装置”获得了银奖、广东工业大学校长创新奖、专利申请奖共三个奖项。

“古人说处处留心皆学问，我说处处留心皆创新！”成志洲说要用更多的科技专利，为国家科技腾飞多做贡献。

威水史

2016年，作品《一种防止车门未关紧的装置》在东莞市青少年科技创新大赛中，获得一等奖。

2016年，在东莞市首届技术设计与实践展评活动中，获得总分一等奖。

2016年，在东莞市首届技术设计与实践展评活动中，获得制作工艺评比单项奖。

2016年，作品《一种自动收物装置》获得第十四届“广东省少年儿童发明奖”三等奖。

我向习爷爷说句心里话

习爷爷，这么大的国，这么大的家，经营起来真的不容易，希望您工作之余多多保重身体。我们一定不辜负您的期望，努力学习，刻苦钻研，从小树立为中国梦的实现而努力奋斗的远大理想！

用智慧创新科技，用聪明创造精彩人生。

钟浩凯：他刮起了“聪明”的旋风

中山市石岐中心小学六年级（3）班

热爱科技的聪明仔

钟浩凯进入中山市石岐中心小学读一年级时，全校正在开展国际生态学校垃圾减量项目——社区回收废旧电池活动。

“大家知不知道废旧电池的危害？”老师向同学们讲解活动的意义。

通过老师的讲解，钟浩凯明白了：一颗纽扣电池弃入大自然后，可以污染60万升水，相当于一个人一生的用水量，而中国每年要消耗这样的电池70亿颗。废电池无论在大气中还是深埋在地下，其重金属成分都会随渗液溢出，造成地下水和土壤的污染，日积月累还会严重危害人类健康。

“所以，我们要回收废旧电池，让专业人士进行无害处理。”老师的话引发了钟浩凯对社区回收废旧电池活动的热情。

“我要报名参加！”钟浩凯积极响应。

钟浩凯从小就对各种事物充满好奇心，家里购买了《神奇的校车》《青少年百科全书》等书籍，他还特别喜欢看《我爱发明》《走近科学》《探索发现》等科技电视节目。他最感兴趣的是种豆芽、养蚕观察……在科学兴趣小组中他逐渐培养出了细心观察事物，喜欢提问，并想出解决方法的习惯，老师们都称赞他是个聪明仔。

为了不掉队……

钟浩凯跟着老师和同学们参加社区回收废旧电池活动，有一天，在同一所学校读高年级的表姐告诉钟浩凯，她正和同学们参加一个大项目——“关于‘垃圾围城’困局的调查和思考”课题研究。

“能不能也让我参加？”钟浩凯起了好奇心。

“你年纪那么小，”表姐犹豫了，“我们可是要写小论文的。”

“我会查字典，还能跑，去社区走访、调查我最在行。”钟浩凯很执着。

“好吧！”表姐同意让他试试。

正在读一年级的钟浩凯字都不认识多少，确实要面对很多困难。为了要保持对科技创新的兴趣，跟着大哥哥大姐姐参加活动不掉队，他需要比其他小朋友付出更多的努力。

在老师和父母的帮助下，钟浩凯查阅了许多关于垃圾处理的基本知识和生活常识，同时为了拿到中山垃圾处理情况的真实资料，他还与课题组的大哥哥大姐姐们一起到中山市垃圾处理基地、典型社区、市环保局进行走访，采访了相关专业人士，并在社区和学校开展问卷调查，从而总结出可行、可持续的破解“垃圾围城”困局的方法。这个项目获得2011年第九届中山市青少年科技创新大赛一等奖、第二十七届广东省青少年科技创新大赛一等奖。

我爱“聪明”

渐渐地，钟浩凯开始参与创作或自行创作科技创新项目，他有个特点，就是常常用“聪明”两个字给项目命名，如“聪明的喷泉排水安全隧道”“聪明的护童汽车”等。

2012年，钟浩凯注意到家里的冰箱冷藏室里放了很多东西，父母有时会忘记里面放了些什么，有时有的食品拿出来时发现都过了保质期。

“如何解决这个问题呢？”钟浩凯将这个问题和解决问题的想法与科学老师及同学进行了探讨。他和同学们设想：如果冰箱是透明的就可以看见有什么食品了。

经过老师引导，钟浩凯考虑可以像登记图书一样，将食品在放入冰箱前登记一下，在冰箱门上设一个展示屏，就可以随时知道冰箱里的储存情况。

“但食品变质不仅是过保质期的问题，如果冰箱里有细菌一样会造成食品变质，这该如何解决？”钟浩凯又思考开了。

他的想法越来越多，解决方案渐渐成型。他和同学们购买了木方、夹板、锡箔纸、小滑轮、螺丝、铁钉、门铰、门吸等材料制作了冰箱外壳，在模型里面安装了LED灯、臭氧发生器和紫外线灯管提供紫外线消毒功能和臭氧消毒功能，解决了冰箱里有细菌容易造成食品变质问题；在模型外壳上安装了液晶提醒屏，用以解决冰箱内食品可知和可显示问题；他们购买了保鲜盒和白菜、菠菜、芹菜、胡萝卜、桃、葡萄、苹果等开展实验，最终确定了该创新发明项目的可行性。

他们还通过专利检索，发现还没有相类似的技术方案，因此将这个项目的相关技术申请了国家实用新型专利。

2012年、2013年钟浩凯和同学们带着“聪明、健康又环保的冰箱”项目模型，参加了第十届中山市青少年科技创新大赛和第二十八届广东省青少年科技创新大赛，都获得了一等奖的好成绩，另外，还获得第十一届“广东省少年儿童发明奖”二等奖。

拥有属于自己的专利

2016年，经过学校推荐和市、省共青团组织审核、推荐，并经共青团中央、全国青联、全国学联、全国少工委和专家的严格评审，钟浩凯在全国众多的选手中脱颖而出，荣获第十届“中国青少年科技创新奖”，并于2016年8月20日至25日参加了在北京举办的第十届中国青少年科技创新奖颁奖大会暨第三届中国青少年科技创新营活动。钟浩凯作为广东省唯一一名小学生获奖者、全国十名小学生获奖者之一，受到了刘延东等国家领导人的接见和颁奖。

目前，钟浩凯的“聪明、健康又环保的冰箱”“便携快速洗衣干衣器”等4个项目已成功申请了国家发明专利或实用新型专利。

钟浩凯用自己的努力在校园里刮起的一股“聪明”旋风，在中山市石岐中心小学掀起了强烈的科技创新热潮，许多同学都以他为榜样，用智慧创新科技，用聪明创造精彩人生。

威水史

2013年，作品《聪明、健康又环保的冰箱》在第二十八届广东省青少年科技创新大赛中，获得一等奖。

2014年，作品《能给手机充电的网络插座》在第二十九届广东省青少年科技创新大赛中，获得三等奖。

2015年，作品《聪明的喷泉排水安全隧道》在第三十届广东省青少年科技创新大赛中，获得一等奖。

2016年，作品《聪明的护童汽车》在第三十一届广东省青少年科技创新大赛中，获得二等奖。

2016年，获得第十届中国青少年科技创新奖。

我向习爷爷说句心里话

敬爱的习爷爷您好！今年5月5日，我国具有完全自主知识产权的大型喷气式客机C919成功首飞。我真是为我们国家科技的不断发展和进步感到骄傲和自豪！希望国产大飞机能早日成为我们国家的“空军一号”，载着习爷爷出访国外，让外国人羡慕。

从“养蚂蚁”的怪男孩到拿国家专利的阳光少年，一颗好奇心成就了一位创新好少年。

姜笛：“好奇心”成就的发明大王

佛山市顺德区乐从小学五年级（5）班

从小，姜笛就喜欢大自然的奇妙变化，从院子里的参天大树，到阳台上的小蚂蚁，都是他乐于关注的对象。随时随地，他都保持着一颗对世界的好奇心，喜欢静静地观察，不断地探究。

养蚂蚁的怪男孩

不知从什么时候开始，姜笛妈妈发现，自己家的阳台成了一个小昆虫乐园：蚂蚁、蟑螂、蜘蛛、蜗牛……全都在这里安了家。原来，为了更好地观察这些小家伙，姜笛将自己家的阳台办成了一个收养园。

他常常用不同的食物去喂食这些小生灵，细心观察它们的反应以及对各种味道的喜好。有一次，姜笛突然发现蚂蚁跟很多书上写的并不一样：蚂蚁遇到自己喜欢的食物时，都是用大颚把食物切开，两个小伙伴一起扛起一小块走，有趣的是它们只会是两只两只一起走，有秩序地排成一行，看起来就像是一大队人马的集体行动。

最过瘾的是，姜笛还观察过一只田园蜘蛛，如何去跟一只体积比自己还大的苍蝇搏斗，并最终使它成为自己的口中美食，大快朵颐。

变废物为“宝贝”

姜笛像其他孩子一样喜欢玩具，但他不喜欢去买现成的玩具，他更喜欢用自己的双手亲自制造。而且生活中随意能捡到的树枝、种子、废弃物，都可能成为他的“宝贝”。

他曾经用一只别人用坏了的圆规做成了一把单发弩，而自己用完了的废笔芯就可制成弓。他还自己买来了雪糕棍与热熔胶枪，设计制作了一把连发牙签弩，拿到班上，很多同学都很喜欢。现在，他还用自己学到的编程知识开发小游戏，受到身边不少男孩子的青睐。

从小发明到国家专利

渐渐地，随着课外兴趣班学习的深入，姜笛越来越感到可以利用所学的知识去做一些发明创造，以帮助身边的人生活得更好。

一次，妈妈的一个同学因忘关煤气炉造成火灾的事故引起了姜笛的思考。他想：如果我能发明一种人在一定时间内离开煤气炉，红外线没感应到人的存在，煤气炉就会发出警报提醒或者自动熄火的装置，不就可以防止危险出现了吗？

有了这种思路，姜笛就开始利用自己学过的知识进行设计制作了：它是一种基于Arduino的多功能气炉，包括了煤气炉、控制器、用于感应气炉是否有火源并且将信号传递给里面控制器的火焰传感器，里面还有报警用的蜂鸣器和电路系统……

理清思路以后，姜笛马上开始动手实操。然而，当用电烙铁焊接蜂鸣器的电路

系统时，一不小心就被烫到了左手。所谓“十指连心”啊，那疼痛直往他心里钻，痛得他差点就想放弃了。这时，他想起了《老人与海》中的一句话：一个人可以被毁灭，但不能被打败。

姜笛轻轻抹掉不小心滑落的泪水，觉得自己不能这么轻易就被打败了。再一想，反正握电烙铁的是右手又不是左手，影响不到制作进程，于是忍痛继续把蜂鸣器的电路板焊好了。

就这样，一步一步地艰难摸索，一个全新的“一种基于Arduino的多功能气炉”终于设计完成。姜笛刚想松口气，没想到在最后的调试阶段还是状况百出：本该报警的蜂鸣器无论如何操作都始终保持沉默，不肯发出一丝声音。

倔强的姜笛哪肯认输？他反复研究了半天，终于发现是超声波的角度没装对的问题。功夫不负有心人，随着蜂鸣器发出尖利的警报声，姜笛咧开嘴快乐地笑出声来……

现在，这个“一种基于Arduino的多功能气炉”已经申请了国家专利，姜笛希望它可以尽快应用到人们的日常生活中，使大家生活的环境更加安全。

2017年年初，姜笛又发明了一个感应自动关闭门窗装置。他自豪地介绍说：“在雨水多发的季节，狂风暴雨突发时，即使忘记关窗，我的这项发明也一定会为人们解除后顾之忧……”

初夏的阳光，照在这个自信满满的少年人身上，一片金黄。我们有理由相信，这个阳光少年定会努力发明出更多更好的产品，让我们的生活变得更美好。

威水史

2015年，在第二届“杨之光杯”青少年创意美术大赛中，获得入选作品奖。

2015年，被佛山市小记者协会授予“先进小作者”称号。

2016年，在第十四届小学“希望杯”全国数学邀请赛中，获得铜奖。

2016年，作品《一种基于Ardunio的多功能气炉》在佛山市顺德区青少年科技创新大赛中，获得一等奖。

2016—2017学年度第一学期期末考试，获得一等奖。

我向习爷爷说句心里话

习爷爷，您好！我是个小军事迷，好想有一天能到中国自己制造的航空母舰上面去见识一下。因为有您，我们的国家一定会越来越好！

一个梦想，是渺小的。但当它成为祖国的梦想时，就是不可估量的。杨学霖梦想成为一个科学家，她一直在用自己的科技创新，努力让家乡变得更美好，祖国更繁荣。

杨学霖：小女生的大创意

华南师范大学附属中学高一（12）班

小书迷的科技梦

“霖霖，别翻乱我的论文！”

“霖霖，怎么又把我的英文书翻出来？”

每天在家里，都能够听到妈妈这样的呼喊声。

华南师范大学附属中学学生杨学霖从小就对科学有着浓厚的兴趣。她妈妈是计算机专业的博士，家里堆满了各种各样的科技书刊。小学霖常常偷偷翻看妈妈的专业书籍和论文。

妈妈在心里嘀咕：“这小孩看得懂吗？”

没错，虽然年幼的小学霖对专业书中的术语和概念懵懵懂懂，但是，她小小年纪就明白，科技可以改变世界。小学霖从小就梦想着自己有朝一日也能像大人一样做学问。为此，她努力学习，夯实知识基础，小学阶段就在语文、数学、英语等各类学科竞赛中屡获殊荣。

杨学霖真正与科技创新结缘是在初一的暑假。当时，华师附中和美国佛蒙特环保组织准备选拔14名优秀学生赴美开展一个月的科学考察。

杨学霖渴望获得这次出国考察的机会，她做了充分的准备。

可是，刚开始时，谁也没把这位初一小女生放在眼里，因为，在全英文面试、无组织讨论等选拔环节中，她需要与高年级的学长们同台竞技。

但是，功夫不负有心人，通过层层选拔，杨学霖像一匹“黑马”力克群雄，杀出重围，最终获得了出国考察的机会。

出发前，主办方要求每人准备一个科研课题带到美国佛蒙特州开展研究。杨学霖了解到，此州是美国第一个要求食品标签中注明是否含有转基因生物的州。当时，转基因是国内外讨论的热点，那么美国和中国讨论的话题一样吗？美国人是怎么想的？

于是，杨学霖带着这个课题，第一次走出国门独立开展研究。

这中国小女孩能行吗？

杨学霖是参加本次活动年龄最小的学生，美国老师刚见到年纪小小的杨学霖时，同样有些担心。

“这个中国小女孩能行吗？”大家心里都这么想。

刚开始，杨学霖真不知道该从何下手。于是，她虚心地向老师求教，学习做学问的方法，选题、检索资料、写开题报告……渐渐地，杨学霖有了自己的思路。

课题研究需要做大量的问卷和调查访谈，没想到，这件看似容易的事，竟让杨学霖遇上了意想不到的困难。

课题的主要研究地在美国佛蒙特州，这里地广人稀，大家行色匆匆，很难找到能发放问卷的人。这时，寄宿家庭的主人给予了杨学霖很大的帮助，带着杨学霖拜访了她几乎所有的朋友。

杨学霖采访了各行各业、形形色色的人，包括佛蒙特大学的教授、州众议院的议员等。这些人的谈话中专业词语很多，杨学霖听得有些吃力，于是她用手机录音

记下每一个人的观点，然后回去再整理。

短短一个月，杨学霖的调研笔记写了两大本！在异国他乡做学问，她学会了独立思考，也学会了通过网络和图书馆寻求帮助。

很快，杨学霖通过自己的努力，向参加这次活动的各国师生展现了中国少年的智慧和能力，赢得了大家的尊重。

回国后，杨学霖以居住城市广州为例，继续开展转基因食品标识的相关调研。最让杨学霖自豪的是，她将研究成果《公众对转基因食品的认知研究——以美国佛蒙特州为例》整理后，参加第三十届广州市青少年科技创新大赛，获得了一等奖及大赛最高奖“千师万苗工程奖”。

创新就在你我身边

在美国的一个月课题研究，让杨学霖明白，科学真的离我们并不遥远，创新就在你我身边。

杨学霖从小生长在广州沙面，深受这一带交通拥堵之苦。初二的一天，学校老师带大家到中山大学智能交通研究中心参观，看到各种美轮美奂的交通科技产品，杨学霖的脑海中闪过这样的念头——能不能用科学的方法和先进的工具来研究解决沙面的交通拥堵问题?

当她把自己的想法向教授们一说，立刻得到了教授们的充分肯定，一位教授还说：“不要认为自己年纪小，许多大创意都是由小想法引发的哦。”

于是，杨学霖再次踏上了科技创新之旅。

由于杨学霖只是一个初中生，还没有学过交通工程等专业知识，所以老师们提供了很多交通工程的资料给她学习，学长们还把仿真软件装在了她的电脑上……

做课题的道路充满坎坷，也充满乐趣。当杨学霖遇到难题毫无头绪时，她就会习惯性地来到家门前的古树下，看着沙面来来往往的车辆和游客，她憧憬的那个通过自己的科技创新，变得交通顺畅、更繁华、更美丽的新沙面，就会不由自主地浮现在脑海里。

历时一年，杨学霖终于完成了课题——“沙面岛绿色慢行交通系统设计与仿真评价”：通过在岛内引入以步行和自行车为主的慢行交通系统，提出了具体的交通组织优化建议，为政府部门制定沙面全岛步行化政策提供了理论和数据支持。该课题获得了第三十届广东省青少年科技创新大赛一等奖，杨学霖也获得了大赛奖金最高的“翰阳科技英才奖”。

威水史

2014年，在全国初中生语文学习全能竞赛中，获得二等奖。

2015年，作品《沙面岛绿色慢行交通系统设计与仿真评价》在第三十届广东省青少年科技创新大赛中，获得一等奖。

2015年，在第二十六届中学“希望杯”全国数学邀请赛中，获得银奖。

2015年，在全国青少年信息学奥林匹克联赛复赛中，获得二等奖。

2016年，在第二十六届全国初中应用物理竞赛中，获得广东省（广州赛区）二等奖。

2016年，作品《机器人智能走迷宫》在英特尔机器人创新培训与实践夏令营中，获得一等奖。

我向习爷爷说句心里话

亲爱的习爷爷，从国产航母首次下海，到天舟开启空间站时代，作为中国少年，我为祖国的强大而自豪。今后我会用热忱、细致和坚持的态度，在学习、科研中继续拼搏，请习爷爷放心，也祝您天天开心。

善于观察，善于发现。
现实生活中存在的问题，都是他发明创造的灵感！

高健翎："捣蛋鬼"捣出机器人

广州市华景小学五年级（10）班

高健翎一直是个"脑洞大开"的孩子，比如喜欢摆弄各种积木，先按图纸搭一遍，妈妈说："不错。"可他"哇啦啦"地一推，积木城堡倒塌了。"为什么呢？你不是搭得挺好吗？"妈妈问。

健翎嘿嘿地笑，他觉得不过瘾，要重来。他要按自己的想法搭各种奇奇怪怪的房子、火车和汽车。新的积木作品出来了，爸爸妈妈左看看，右看看，两人对望一下，妈妈赞道："真好，真有创意！""那还用说，我儿子将来一定可以当发明家。"爸爸摸着健翎的头自豪地说。

高健翎真幸运，要换上其他家长，说不定会骂他"捣蛋鬼"。可他爸爸妈妈总是很欣赏他的"捣蛋"作品，爸爸还对他说："不按预定的方法完成一件事情，这就是创新。"就这样，"创新"的种子播在高健翎幼小的心灵，随着年龄的增长，发芽，舒枝，长叶，结果。

机器人，机器人

男孩子谁不喜欢机器人？爱创新的高健翎二年级就开始学习机器人课程，通过电脑编程和机器人搭建完成各种预定任务。虽然他现在学习的内容比较简单，但是这就是将要带给未来生活极大变革的人工智能！"这是个科技感十足的世界。"高健翎得意地说。4年来，他一直坚持着，成了培训班的"资深学员"。

2016年，高健翎参加了广州市机器人大赛的创意项目。他和他的队友想起了图书馆，想起在图书馆寻找图书的烦恼，就想到设计一套全自动的图书馆服务机器人。读者只需坐在座位上，把自己的需要传给机器人，机器人就代为完成选书、取书、还书各个环节的工作，是不是很方便呢？越想越激动，马上分工行动！高健翎自告奋勇负责主程序的编写和部分搭建工作。整个过程说起来简单，但其实从场地布置、机器人行走轨迹到机器人到位准确工作等，任何一个细小环节都需要反复设计、测试、修改。比如机器人取书，书架上的用几个积木模拟的书本需要转移到机器人运送舱里，这个小小的环节就经常出现缺陷：一开始用机械手臂夹书，书很容易掉，后来将书架做成倾斜状，又极容易卡住。最后健翎他们给书架也装上主机，机器人到书架跟前触碰书架取书开关，由推动装置将书准确推出，这才很好地解决这一难题。

比赛那天，创意项目场地上摆满了五花八门的作品，其中健翎他们的图书馆系统并不起眼。轮到他们演示了，健翎自信地向评审专家介绍了这套图书馆服务机器人的创意由来和功能，并向评审专家流畅无误地演示了实现过程。在一众小学项目中，健翎他们的创意有现实意义、设计合理、演示成功，得到评委的一致肯定，取得二等奖的好成绩！

学习机器人编程知识，不仅是为了比赛，高健翎一直想让机器人能生活在自己家里。所以，家里充斥着他的小发明、小创造、小玩意，他时不时装个懒人闹钟，装个可以编程控制的电风扇……乐此不疲。这些小装置，成了他家一道有趣的风景，以至妈妈经常欢喜地叫道：“机器人！机器人！”

“红包来啦！”　“Idea来啦！”

因为善于观察，善于从生活的一些小事件中发现各种不便，更因为高健翎的脑袋分分钟都往创新发明那个方向转，所以，他的“good idea”特别多，他的生活也

特别有趣。

2015年的春晚，全国人民都记忆犹新，因为当时有一个“摇红包”的环节，时间一到，全家齐齐摇动手机。看着家里妈妈、爷爷奶奶、外公外婆都低着头铆足了劲摇动手机，几分钟下来还挺辛苦的。健翎灵机一动，马上用自己的知识拼好可以同时摇两部手机的“摇红包机”，下一个红包时间到，老妈和外婆的手机有幸体验机器服务，跟人力摇法同场比拼，哗啦哗啦，红包到账啦。妈妈说效果是不错，就是太响了，别把手机摇坏了，健翎虚心接受，马上加装减震装置，再下一轮的红包时间，两部手机进入“头等舱”享受摇红包服务，实战和搞笑效果都很出色！一点小心思就让这个除夕夜充满了乐趣。

高健翎学习钢琴也有好几年了，随着琴艺的进步，弹的曲子越来越长，每次翻琴谱的时候都会手忙脚乱，经常弹错，这应该是琴童们经常遇到的比较麻烦的事。但正是这些小烦恼，常常成了健翎发明创造的动力，他想了很久，终于设计了一台自动翻琴谱的装置——在钢琴顶上固定好主机，需要翻几页就装几个机械手臂插在页面中，根据曲子弹奏快慢设定好翻动时间，启动开关开始弹奏，时间一到机械手臂就自动翻动页面。有了这个小装置，健翎的钢琴演奏更加流畅，爸爸妈妈都给他这个idea点赞！

一起玩，更精彩

广州市华景小学是一所校园氛围宽松自由、积极向上的学校，课堂上，老师调动同学们积极思考，不一样的答案在这里受到鼓励和肯定；课余时间各种活动更是不拘一格，激发着同学们的创新思维。

一年一度的艺术节，是校园的狂欢节，特别是“跳蚤市场”，是“粉丝”最多的活动。2017年艺术节的跳蚤市场又要开张了，高健翎提议发动班上同学拿出各自的科技小制作一齐玩“跳蚤市场”，得到了大家的赞同。高健翎为这次活动专门设计制作了可以编程控制风速和运行时间的电风扇。在活动现场，五年级（10）班的展台上有先进的3D打印机、石头剪刀布机器人、同学自制的遥控汽车和电风扇等，一时间，他们的摊位围满了参与体验的同学。一起玩，更精彩，科技创新已然成为健翎他们班里最响亮的名片。

在华景小学的校园里，你会看到一个快乐的小学生，他时而仰头观察，时而低头沉思，他在寻找生活中那些给人带来不方便的疙瘩，因为他说，现实生活中存在的问题，就是他发明创造的灵感！这个人就是高健翎，一个努力着，爱创新的小少年！

威水史

2014年，在第九届“创协杯”创意科技机械人大赛中，获得RIC机械人创新挑战赛初级组亚军。

2015年，在第十届全国青少年教育机器人奥林匹克竞赛中，获得一等奖。

2016年，在广州市青少年机器人竞赛中，获得二等奖。

2016年，在学校第四届“优艺术之雅，绿生命之色”艺术活动中，获得最佳创意奖。

2016年，在英国皇家音乐学院钢琴等级考试中，获得钢琴演奏六级优秀。

我向习爷爷说句心里话

习爷爷，我看新闻说我们大片国土将处于萨德系统的监控范围，真希望国家快点研制出反萨德的武器，真希望我们快快长大投身国防科技，保卫国家安全，维护世界和平！

方浩丞的创新发明之路才开了个头，但他走得很有信心，走得很坚定，因为他瞄准了一个宏大的目标，像爱迪生那样不断挑战，不断创新，造福人类。

方浩丞：我要一间梦工厂

珠海市第三中学高二（14）班

“我的创新小工厂是支撑我发明创造的关键。没有制作场地，一切都不可能成真。”珠海市第三中学学生方浩丞，真可以称之为雄心勃勃的小发明家。年纪轻轻的他，不仅为自己的创新梦筹划起一个10平方米的创新梦工厂，还不断在这个小工厂里实现了一个又一个让生活更美好的创新发明。

方浩丞的发明之路起于小学三年级。有一天，放学的时候，浩丞走出学校门口，发现人都堵在那里。学校门前的道路本来就窄，每逢放学，家长来接孩子的车就停在马路边，这几乎成了每天的“风景”。晚上回到家，吃完饭看电视，电视里正在讨论停车难的问题。

浩丞在旁边听着，小脑袋就开始转了起来：有没有什么更好的方法可以停更多的车呢?

“现在城市里汽车越来越多，建多少停车场都不够。”爸爸说。

“我们可以让车一辆一辆叠起来嘛。”浩丞冲到爸爸跟前说。

“真是小孩子，异想天开。”爸爸笑了。

小孩子就是喜欢异想天开，虽然当时他还不会说“改变思维，让停车场垂直发展”这些大道理，但他觉得自己的想法一定行。

一连几天，方浩丞都被自己的“异想天开”激励着。他利用家中的闲置物品，如胶管、玩具、窗帘架等，对自己构思的方案进行组合研究。幸亏方爸爸不是那种打压小孩子的人，有时看他力气小捣鼓不过来还帮一把。经过多番测试和运行，“多层折叠式停车装置”诞生了。看着儿子真的把一个带有科学发明的“东西”给弄出来了，方爸爸真高兴啊。一高兴当然就和朋友说，当时一位叔叔听了，也激动起来：“这个停车装置既提高了空间利用率又能解决车辆停放问题，你赶快替儿子去申请专利，把自己的知识产权保护起来。”

方浩丞真的向国家专利局申请“多层折叠式停车装置”专利，而国家专利局也真的给这位三年级的小朋友颁发了专利证书。后来，方浩丞就凭着这个发明专利获得了珠海市第二十四届科技创新大赛二等奖。

在此之后，方浩丞的创新之路越走越远，越走越广。他继续观察生活中遇到的问题，并运用他的创新发明提供解决方案：“汽车方向盘帽箍装置”可以防止汽车被盗；“煤气灶余能利用装置”是为了减少家里煤气灶燃烧过程中的能源浪费；听到有市民反映货车油料常被盗，于是“货车柴油（汽油）、电瓶、车轮智能报警装置”“ 可视化货车柴油（汽油）、电瓶、车轮智能防盗装置”应运而生。

现在，创新发明已经成了方浩丞生活的一个重要部分，他天天梦想着成为爱迪生，为了让梦想能成真，他购置了焊锡台，在书房建起了电子原件焊接作坊，焊锡时家里到处都是烟雾。为实现新发明“一种冷媒自循环热冷水器”一些特殊器具的制作，2017年2月，在家人的支持下还购置了不锈钢电焊机，并在外面租了一间10平方米的小房子，使自己的梦工厂不断充实和扩大。创新小工厂已制作出了最新发明产品“一种冷媒自循环热冷水器”，并且在第四届广东省青少年环保科技创意大赛暨联合国中国青少年环境论坛广东分论坛上荣获“一等奖”“绿苗奖”。

方浩丞明白科技创新不能闭门造车，为了让发明能更好地服务生活，他积极参加珠海市历届的科技创新大赛，结交喜欢各类科技创新的朋友。随着作品科技含量越来越高，所涉及的知识面越来越广，制作难度也越来越大。但困难没有难倒方浩丞，遇到自学也解决不了的科技难题，他会积极向志同道合的喜欢科技创新的朋友讨教，渐渐学会了编程、画电路图、制作电路板，认识各种电子元件用途，还制作起了各种单片机控制系统。

方浩丞的创新发明之路才开了个头，但他走得很有信心，走得很坚定，因为他瞄准了一个宏大的目标，像爱迪生那样不断挑战，不断创新，造福人类。

威水史

2015年，作品《货车柴油（汽油）、电瓶、车轮智能报警装置》在第三十届广东省青少年科技创新大赛中，获得三等奖。

2016年，作品《货车柴油（汽油）、电瓶、车轮智能防盗装置（无线视频升级版本）》在第三十一届珠海市青少年科技创新大赛中，获得一等奖。

2016年，作品《负压电饭锅（高温高压状态下的锅内负压技术）》在第三十一届广东省青少年科技创新大赛中，获得三等奖。

2017年，作品《一种冷媒自循环热冷水器》在第三十二届珠海市青少年科技创新大赛中，获得二等奖。

我向习爷爷说句心里话

习爷爷，每天在新闻联播上总能看到您忙碌的身影，我会以您为榜样，继续用环保的理念开展创新，让祖国的河水更加清澈，天空更加湛蓝。

朱叙昌热爱科学，体验了探索的艰辛，感受了创新的乐趣，提升了自己的创新能力，也为国家和民族贡献了自己的一份努力。

朱叙昌："小院士"的创新发明

深圳市南山外国语学校（集团）文华学校初中部八年级（1）班

朱叙昌热爱科学与发明，他认为创新就是敢想敢做，好的点子人人都有可能想到，但要敢于打破常规，抛弃固有的经验，才能获得成功。

为了太爷爷的遗愿

朱叙昌是深圳市南山外国语学校（集团）文华学校八年级的小创客，他和科学研究结缘，可要从那件悲痛的事情说起。

那一年，朱叙昌的太爷爷在家乡病危，很想见曾孙子最后一面，弥留之际还不断念叨着朱叙昌的名字。

当时朱叙昌远在深圳，再加上老家医疗技术不够发达，当他赶回老家时，太爷爷已经去世了。

因为最终没能让太爷爷见上自己一面，那天晚上，朱叙昌站在太爷爷的遗像前，泪水不断地流出来。就是在那时候，他在心里暗暗发誓，一定要想方设法找到一种从技术上能适当地延长像太爷爷一样的人的寿命，哪怕几天也好，让发生在他身上的遗憾不再发生在别人身上。

从此，朱叙昌对生物医学充满了兴趣，在课外，他阅读大量有关这方面的书籍。小学三年级时，学校组建了一个生物社团，朱叙昌怀着对太爷爷的遗憾，以及对生物技术的期待加入到生物社团中，开始了他的科学探索之路。

番茄论文

2012年，学校的生物社团发动同学参加南山区第十四届中小学生科技节科学论文评奖。

刚上四年级的朱叙昌和同学梁思聪商量：写什么题目的论文好呢？

“就写番茄吧！”朱叙昌突发奇想。

同学以为朱叙昌开玩笑：“啊哈，你真搞笑，番茄也能写科学论文？”

其实，朱叙昌是从番茄想到了细胞。当时，他只是个小学生，也才刚刚接触到细胞，对细胞产生了极大好奇。而番茄炒蛋，又是朱叙昌最常吃的一个家常菜。他想，番茄这么大的一个物体，怎么会是要在显微镜下才能看到不同功能的细胞？

朱叙昌大胆假设，在最初的时候，是否所有的番茄细胞都是一样的，只是由于某种原因，导致在后期不同的细胞才具备了各自不同的功能？它们之间有没有可能会有类似于人类神经系统的物质组成？

同学这才明白朱叙昌并不是开玩笑。

朱叙昌和同学一起，在大学和学校的实验室“泡”了几周之后，朱叙昌的观点得到了实验的证实。他把相关数据和实验经过写成了科技论文《番茄表皮细胞和果肉细胞对比实验》，并获得了区科技节科学论文评比的二等奖。

通过这次实验，朱叙昌认识到科学的严谨和发现新事物的乐趣。

小小发明家的专利

用心观察，用陌生的眼光去看熟悉的事物，发现生活中的不便和存在的问题，从而产生改变的想法，这就是创新意识。

没想到吧，这种创新意识，朱叙昌竟然是从洗手间里领悟到的。

那天，朱叙昌和同学在商场里玩，玩累了一起去洗手间，他们分别进了不同的隔间。

“朱叙昌啊，朱叙昌，你还在吗？”

突然，朱叙昌听见隔壁的同学在“呼天抢地”地叫着自己的名字。

原来，同学遇到了一件十分尴尬的事，之前看见自己隔间的纸巾桶里明明还有纸，谁知道后来才发现这只是个“障眼法”，纸一抽就没了。如果不是朱叙昌还在隔壁，他那里的纸巾桶还藏着一卷纸巾的话，那位同学很可能就要哭晕在厕所里了。

朱叙昌当时就想，如果有一种装置可以解决这种尴尬的话，那该有多好。它适用于酒店、商场、写字楼等公共服务区域，特别是适合那些忙得脚不沾地，如厕时根本没心思检查纸巾桶里究竟还有没有纸的上班族，这个装置还可以减少资源浪费呢！

于是，朱叙昌回家后查阅了相关资料，了解到做这个装置并不难，且在国内属于空白领域。于是他便动手开始制作这个装置。

经过大半年辛苦的实验和反复测试，《一种卷纸使用量检测与报警装置》的发明，终于在朱叙昌手中诞生了，并获得国家实用型发明专利证书。

这次发明让朱叙昌认识到，只有把创新放到真实的生活情境中，创新才有旺盛的生命力和持久的动力，才能取得实效。

马省长的太空种子

2016年4月24日首个“中国航天日”，因为朱叙昌在科技创新上取得的成绩，他作为南山外国语学校小院士代表，与被誉为“航天少帅”的马兴瑞省长面对面畅谈“航天梦、中国梦”。

当时，马省长亲自带领同学们参观了航天展览馆，亲切地给大家讲述了中国航天的历史，并且勉励同学们努力学习，报效祖国，将来为国家的航天事业做出贡献。

听了马省长的教诲，朱叙昌灵机一动，回想起在电视和书籍上看到的关于太空种子的种种神奇现象，立刻大胆地对马兴瑞省长提出了自己的想法：

“马省长，您能为我们要一点来自太空的种子吗？我们学校的少年创新院生物研究所想用这些种子做进一步研究。”

马省长听后，欣然应允。

马省长的勉励，让朱叙昌感到无比激动，马省长的亲切话语也在他心中久久回荡。他想，我一定要努力学习，用科技创新，为国家和民族贡献自己的力量。

威水史

2013年，在深圳市南山区第十五届小学教育科技节车辆模型比赛中，获得二等奖。

2015年，通过中国音乐家协会音乐考级委员会的钢琴十级考试。

2015年，被评为首届“南山少年创新院小院士”。

2016年，作品《缺纸提醒纸巾筒》在第三十一届深圳市青少年科技创新大赛中，获得二等奖。

2016年，作品《创意海陆空模型创客赛》在深圳市南山区第十八届教育科技节中，获得二等奖。

我向习爷爷说句心里话

亲爱的习爷爷，现在我们的国家正受到来自世界其他国家的各种压力，您也为国家殚精竭虑，运筹帷幄。因此，我希望能在创新上有所进步，让我的小发明能帮到您，使国家更加强大。最后祝您健康长寿，永远年轻！

“旧的事物，很快就会被新的事物所取代。而这些新事物的创造者，正是我们。”这个使命激励着钟博梁努力探索，不断创新，超越自己。

钟博梁：做新事物的创造者

珠海市香洲区拱北小学六年级（4）班

“爸爸，这是什么啊？”6岁的小博梁指着烙铁问道。爸爸见博梁对这个东西产生了好奇心，忙说：“这叫烙铁，是用来焊接电子元器件的。小孩子千万千万不能碰！”

“哦哦，知道啦！”博梁答应了，但心里可不是这么想的：又是小孩子不能动，我听得耳朵都起茧啦。我拆得了收音机，看得懂电子仪器表，这把细细的烙铁也必须试一试！

趁爸爸不注意，博梁接通了烙铁的电源，看到烙铁头变了颜色，博梁好奇地用手去摸，“啊，好烫！”滚烫的烙铁被甩到地上，摔成几节，手指立刻被烫得起了个大水泡。博梁没有哭，反而很高兴，原来烙铁头温度这么高，怪不得可以粘上东西！

妈妈发现小博梁手上的水泡，心痛地追问原因，吓到心惊肉跳，责怪道：“你呀，你呀，从幼儿园开始就手不停，脚不住，好奇所有的东西，这下好了，看你还敢不敢乱动！”

博梁听话了吗？听话的就不是博梁了。他性格活泼淘气，对所有的事物都充满了好奇。烫伤愈合没多久，博梁好奇电路的运行，央求妈妈买来一套电路教材实验道具做试验。因为好奇，他在学校摆弄电器设备，居然让连环灯泡同时亮了起来！神奇的科学世界有太多秘密和诱惑，博梁贪婪地学习着，以满足自己探索世界的求知欲。

2012年的一天，8岁的博梁看到哥哥做的“自测视力表”和哥哥同学做的“太阳能井盖”，惊讶地发现科技创新并非高不可攀，发明创造离自己并不遥远。他好奇地问自己：“我可以改变些什么，可以创造些什么？”

为了方便同学们削笔，他尝试发明了一套“自动笔刨”，可以瞬间把铅笔削好。这是他的第一个发明，实用便利，得到同学们的欢迎和老师的赞赏，从此，他自信地开始科技创新，完成了一项又一项发明。

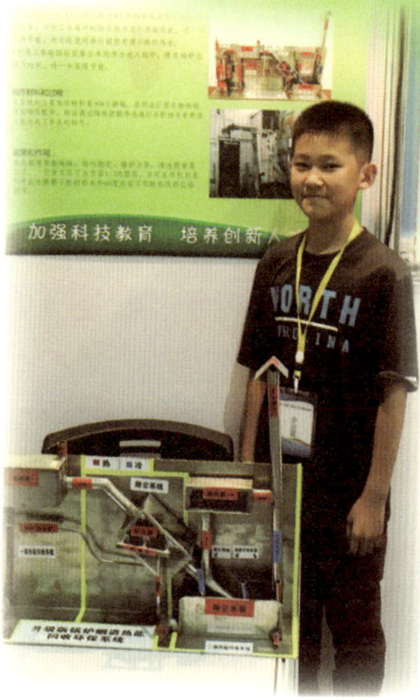

有一段时间，爸爸回到家总是眉头紧锁，唉声叹气。博梁好奇地问爸爸为什么如此烦闷，爸爸说：“工厂的锅炉耗能大，污染严重，我在考虑怎么解决这些问题。”爸爸告诉博梁，要解决问题也不难，但必须购买40多万元的设备，一下子拿这么多钱，还真是个难题。博梁听了，跟爸爸商量：“爸爸，我前不久在科技书上看到过治理空气污染的方法，不如我们想想办法，自己设计一套节能环保的设备吧。”爸爸听了，高兴地说：“看来我家的小发明家要干一番大事业了，好吧，咱们试试！”

很快，一套“锅炉烟道热能回收环保系统”诞生了。不过系统与锅炉结合试验不到一周，博梁发现烟囱与管道多处地方漏烟。博梁实地勘察，翻阅大量资料，发现工厂的炉烟含有二氧化硫，二氧化硫与水反应变成硫酸腐蚀了管壁。经过数次实验，博梁找到耐腐蚀的316不锈钢材料，彻底解决了这个问题。“锅炉烟道热能回收环保系统”试验成功！这个系统不但为爸爸的工厂节省了几十万元的开支，还可以节省三分之一的燃料，解决了空气污染问题。

爸爸的同行了解到这个系统，纷纷上门取经。博梁看到自己的创新发明得到大家的赞赏，激动不已，和爸爸做起了技术指导，推广自己的发明。

成功激励了博梁，他继续好奇地关注身边的一切，用自己的创新发明改变生活。看到爸爸因为工作繁忙没时间运动，他发明了“家庭健康发电系统”，让家人边锻炼身体边发电，一举两得。2015年，为解决雾霾问题，他设计了一套太阳能供电的水除尘系统——“雾霾杀手”，这可是一个覆盖大厦楼顶的庞大系统，虽然目前尚在研发阶段，不过相信不久的将来，博梁一定会呈上一份令人满意的答卷。

3年前参加广东省青少年科技创新大赛，走进考场，博梁为评委详细地介绍自己的发明。评委们赞赏不已，一个评委笑着说：“我们国家的好苗子可不少啊！”听了这样的夸赞，博梁心里甜滋滋的，觉得所有的辛苦和付出都是值得的。

博梁说，一个好的创新发明不但省时省钱，给人们带来方便和快乐，还可能改变世界。“旧的事物，很快就会被新的事物所取代。而这些新事物的创造者，正是我们。”这是博梁的心声，瘦小的他为自己背负了一份沉甸甸的使命，正是这样的责任感，激励着他努力探索，不断创新，超越自己。

威水史

2012年，作品《电动铅笔刨》在珠海市香洲区中小学第七届科技节中，获得二等奖。

2013年，作品《锅炉烟道热能回收环保系统》在第二十八届广东省青少年科技创新大赛中，获得二等奖和瀚阳科技英才奖。

2015年，作品《升级版锅炉烟道热能回收环保系统》在第三十届珠海市青少年科技创新大赛中，获得一等奖。

2016年，作品《升级版锅炉烟道热能回收环保系统》获得第十四届“广东省少年儿童发明奖”二等奖。

2016年，作品《雾霾杀手》在第三十一届珠海市青少年科技创新大赛中，获得二等奖。

我向习爷爷说句心里话

习爷爷，您辛苦啦，我会好好学习，将来当一个中国的爱迪生！

用科技改善我们的环境，让创新点亮美好的人生。

林朗谷：让垃圾箱说话的“小院士”

中山市三乡镇光后中心小学六年级（1）班

我也要搞科技创新

很小的时候，林朗谷就知道父母是从事太阳能资源利用行业的。

“太阳能怎么会发电？”林朗谷总是睁大好奇的眼睛问爸爸。

“太阳光照在太阳能板上由板上的光电二极管将光能转化为电能。”

“它发的电去哪儿？”

“它发的电由蓄电池把电能储存起来。蓄电池到晚上再提供电量给LED灯。”

……

林朗谷渐渐长大，知道太阳能资源是取之不尽的宝贝。

“太阳能资源很环保，我们从事太阳能资源利用的行业，就是科技创新的产业……”说起自己的工作，林爸爸很自豪。

“我也要搞科技创新！”林朗谷兴奋地说。

向爸爸学习

中山市三乡镇光后中心小学有着浓郁的创新发明风气。负责科技教育辅导的老师吴锦梅很喜欢好学的林朗谷，从三年级开始，吴老师就任命他担任学校创新发明小组的队长。

林朗谷每周一至周五都穿梭于学校的创客室与机器人室之间。课余时间，他常到创客室制作作品，到机器人室拼装机器人。

“你拼装的机器人又快又好，太厉害了。”有一次，一个同学赞扬林朗谷。

“其实，我还有很多问题不明白，比如让机器人的反应更快些该用什么程序，配置怎么升级……”林朗谷谦虚地说。

“等我们读到更高的年级，就会学到这些知识的。不用急。”同学安慰他。

怎么不急？我不能等了！林朗谷觉得，自己对很多科技产品都是知其然不知其所以然，就是因为自己的科学知识不足，难以在科技创新中有更多作为。

“爸爸的科技知识那么丰富，动手能力也强，我为什么不向他学习？”林朗谷心念一动。

于是，每到周末的时间，他就跟着爸爸学习电子知识。时间长了，关于电子元器件、电烙铁焊接等知识及基本操作技能他都已熟悉掌握。

让智慧发光

2012年初，林朗谷在看电视时，发现有一些地区在发展新农村建设，需要普及节能环保的路灯。他顿时萌生出一个念头，想发明太阳能路灯，为落后的地区服务。于是，他马上请教吴锦梅老师，告诉她自己的设想，又咨询父亲关于利用太阳能方面的知识。

林朗谷收集了大量的太阳能板的资料，知道了市场上常用的太阳能板都是18伏，功率大小根据灯的功率和使用时间来换算。在辅导老师的点拨之下，林朗谷学会了换算方法，便开始动手创造发明作品。

3个月后，林朗谷在学校安装了草坪灯型和路灯杆型的太阳能路灯。试用的那天晚上，随着天色转暗，草坪灯和路灯都发出了激动人心的光亮。“试验成功了！科技知识是可以发光的。”林朗谷激动得蹦跳起来。草坪灯自2013年安装在学校应用至今效果较好，每天晚上都可以照亮草坪。

林朗谷用太阳能路灯（模型）参加第八届中山市少年儿童发明奖发明项目比赛，获得三等奖。第一次的成功，让林朗谷更加热爱科技创新。

会发声的“垃圾桶”

2016年底，一个会发声的“垃圾桶”出现在中山市三乡镇光后中心小学校园。只要有人靠近它，在距离1~2米内时，它就会“开口说话”：“讲究卫生，爱护环境。欢迎使用智能环保垃圾桶，为了您的健康，避免手接触到细菌，只要您的手在我头顶上方感应区3~5厘米处摇一摇，我会自动开盖，方便您投放，10秒后我会自动关掉盖子并消毒除臭，谢谢您的使用！”

“垃圾桶”的发声是由林朗谷朗读录音的。

会发声的“垃圾桶”是他的又一杰作。触动林朗谷发明它的灵感，是来自一次观察。那时他在操场上踢球，发现有同学随手将垃圾扔在草地上。“怎么能这样不环保？”这件事对林朗谷触动很大。

经过深思熟虑，他决定发明一款环保产品来提醒同学们提高环保意识。他将两样不靠边的东西联系到了一起：太阳能是取之不尽、用之不竭的能源，既环保又节能，而垃圾桶是校园、公园和马路边等地方都离不开的环保产品，它们的组合是一项新的产品。

林朗谷多次与吴老师交流想法，查阅大量的资料，原理图不断地修改和完善，一种会说话、能提示、会照明、装垃圾的“神器”——“太阳能语音垃圾桶”的构思图终于出炉了。

为了验证自己的设计思路，他上网购买太阳能板，开始动手制作模型智能垃圾桶。

这个外形和普通家用圆柱体垃圾筒大小相仿的会发声的垃圾桶，白天连接太阳能板的蓄电池会储蓄电，夜间供给垃圾桶照明。它设置了人体感应装置，可以在有人路过周边时播放语音提示，又有除臭效果……既满足了投放垃圾的实用功能，又给人们夜间投放垃圾提供方便，并有利于提高人们的环保意识。

在学校辅导老师的帮助下，林朗谷向国家知识产权局提交了《环保智能垃圾桶》专利申请书。2017年4月22日他收到了中华人民共和国实用新型专利的受理通知。

善于探索的林朗谷是个环保“小专家”，他凭着科技创新荣获广东省首届青少年科学“小院士”称号。

威水史

2014年，项目“如何去除衣服上的水彩笔渍”在中山市科学“小小科学家”专题探究活动中，获得一等奖。

2015年，在中山市航空航海模型锦标赛手掷飞机直线距离赛中，获得一等奖。

2016年，作品《太阳能水冷空调》在中山市中小学创客大赛中，获得一等奖。

2016年，作品《新能源环保跟人行李箱》在中山市中小学创客大赛中，获得一等奖。

2016年，作品《跟人的行李箱》在第十四届中山市青少年科技创新大赛中，获得一等奖。

我向习爷爷说句心里话

敬爱的习爷爷，您好！记得您曾说中国人民生活要好，必须有强大科技，我们才能在科技创新方面有新理念和新设计。这一点让我深有感触，我热爱科技，常常把您的话语当作座右铭激励自己，我要努力学习，掌握更多科技知识，为国家做出贡献。感谢您，让我踏上了科技之路。

智慧好少年

实现我们的梦想，靠我们这一代，更靠下一代。少年儿童从小就要立志向、有梦想，爱学习、爱劳动、爱祖国，德智体美全面发展，长大后做对祖国建设有用的人才。

——2013年5月29日，习近平同志在北京市少年宫参加“快乐童年　放飞希望”主题队日活动寄语

她能在1小时内记忆1 400个无规律数字，1小时记忆16副扑克牌。

罗梦兰：少女“世界记忆大师”

东莞市东华高级中学221班

新奇有趣的记忆法

“记忆法的练习，其实就是把抽象的东西转化为图片，比如说将数字转化为图像，通过连接，生成图像的记忆方法，把它变得更加生动有趣。”2015年8月，东莞市东城区东华高级中学的罗梦兰拜记忆大师史俊恒为师，学习记忆法的“见面礼”，史老师就赠罗梦兰这句快速记忆的秘诀。

“哦。”罗梦兰似懂非懂。

于是，史老师便开始开导她：“好比你要记1、2两个数字，在脑海中，你就想象1是一根蜡烛，2是一只鸭子，连在一起就是一只鸭子从上跳下，被蜡烛烧着，毛都被点燃了，‘嗞嗞’散发出一股臭味。”

罗梦兰笑了。这样去记东西很容易就记住，因为脑海中出现的画面会很滑稽，一点都不枯燥，学习起来很轻松。

罗梦兰从小便积极好学，成绩优异，初中阶段在一个年级近3 000人中多次考进年级前十名，并多次获得校园“学习之星”“三好学生”等称号。可从事教育培训工作的父亲觉得女儿学习还能有更大的进步空间。看到女儿每次因背诵历史、诗词等知识花费了不少时间，他就暗自琢磨：有没有一种方法，能帮助女儿提高记忆力，从而省出这部分精力，放在数理化等学科上？

一次偶然的机会，罗梦兰的父亲结识了在广州的“世界记忆大师”史俊恒。他让女儿拜史俊恒为师，接受科学而专业的记忆力训练。

罗梦兰每天在学校的时候，特地抽出自习课和晚自修的部分时间练习40分钟左右，周末回家也会练几个小时，一共有10个项目，轮流练习，大概练了4个月，她的记忆力有了惊人的变化。

她达到了5分钟记忆240个无规律数字，1分钟记忆1副随机打乱的扑克牌的非凡记忆水平。

最得意的学生

“黑桃3，红桃3，方块10，梅花9，黑桃K……”

16副随机打乱的扑克牌，在一个小时内的记忆顺序后，罗梦兰能将所有扑克牌的顺序、大小及花色娓娓道来，无一错误。在2015年12月初，她在第二十四届世界脑力锦标赛中国赛区上展现了惊人的记忆力。

到这时，罗梦兰才学习了记忆法3个多月，她是以一个新手身份参赛的。在这次比赛中，她表现惊人，以1小时记忆1 400个无规律数字，1小时记忆16副随机打乱的扑克牌的成绩荣获两个项目的冠军。

中国赛后，离世界赛只有半个月时间。罗梦兰不想因为比赛耽误学习，她毅然回到学校继续上课。虽然减少了许多训练时间，但她尽量做到学习、训练两不误。

2015年12月18日，罗梦兰到四川省成都市参加第二十四届世界脑力锦标赛世界赛。在有24个国家和地区选手参加激烈角逐的3天中，她不仅达到了国际记忆大师三大标准：1小时记忆1 000个以上无规律数字、1小时记忆10副以上随机打乱扑克牌、2分钟以内记忆1副随机打乱扑克牌，并且在十大项目总分接近4 000分，不仅在数字、扑克牌方面成绩优异，在抽象图案、人名头像、历史事件、随机词语记忆等项目中也获较好成绩。最终罗梦兰获得“世界记忆大师”荣誉称号。

恩师史俊恒对罗梦兰的记忆能力十分惊叹，不由地称赞：“罗梦兰是我最得意的学生！”

学以致用

带着“世界记忆大师”荣誉称号的罗梦兰回到学校，她说独乐不是最快乐的，众乐才是最好的。

“能不能教我们也学会快速记忆啊？”很多同学问罗梦兰。

“好啊！”

回到学校，罗梦兰没有忘记学习记忆法的最初目的，她积极宣扬记忆法，在学校开展记忆讲座，让更多同学因此而受益。

“现在我随机抽取10位同学的电话号码，”在讲座现场，罗梦兰跟同学们互动，以引起大家对记忆法的兴趣，“并且，你们可以任意抽背，顺背、倒背我都可以。”

罗梦兰仅仅用了两分多钟的时间，就记下了10位同学的电话号码，并一一接受大家的挑战，准确无误地将电话号码都答对了。

在场的同学对这位“世界记忆大师”的惊人记忆力大为叹服，现场响起雷鸣般的掌声。

罗梦兰将快速记忆是通过转图像、编故事等进行联想，记忆后需要不断复习巩固的秘诀告诉了大家，希望同学们学以致用。

罗梦兰也努力将记忆法融入学习中，以往花20分钟才能记忆的文言文，现在只要10分钟甚至更短，背英语单词时往往读一两遍就记住了，且记忆的过程也不再像以往那样枯燥无味，记忆的质量也有所提高，不再是今天记了明天就忘。她的学习成绩进步很快，从以往的年级170多名跃进年级前50名。

2017年3月，罗梦兰前往北京参加中央电视台《群英汇》节目录制。录制现场，她用1分钟记忆了1副随机打乱的扑克牌，并由现场嘉宾或观众随机抽取任何一张牌，她都能准确地说出那张牌所在位置。主持人管彤对这位正在读高二的女生的记忆力十分震惊：“天啊！你这记忆力比那春晚的魔术表演还厉害呢！”

之后，罗梦兰又用极短的时间准确记忆了100个灯泡的亮灭顺序，全场观众都情不自禁地投来赞许的目光。一同参与表演的制造机器人的博士甚至说，罗梦兰的记忆力比机器人都厉害。

威水史

2014年，经中国音乐学院考级委员会评定，获得钢琴七级证书。

2015年，在第二十四届世界脑力锦标赛广州城市赛中，获得听记数字项目冠军。

2015年，在第二十四届世界脑力锦标赛中国总决赛中，获得马拉松数字第一名。

2016年，在“我是特种兵之领袖演说”比赛中，获得冠军。

在2016—2017学年的志愿服务中，被评为校园“十佳志愿者”。

我向习爷爷说句心里话

习大大，彭嬷嬷唱歌那么厉害，要是能看到你们同台演出那就好了！

好奇心满满的黎世伦不走别人的路，他通过“抛硬币”等研究，坚持自己的梦想，用聪明才智，为实现中华民族复兴贡献智慧和力量！

黎世伦：科学疑难的“终结者”

广东实验中学高二南山二班

“第三条路径”

“富兰克林的风筝实验有可能发生吗？”

“潜入水中能保护人不被子弹射中吗？”

“从高楼掉下的硬币会砸死地面上的人吗？”

面对这些疑问，有着各种各样的解释。

在小学二年级的时候，黎世伦就常常盯着科学纪录片《流言终结者》看得津津有味。

“我要自己证明它的真伪。”

对于自小充满好奇心的黎世伦来说，亲自做一回科学疑难的“终结者”，是他一直以来的梦想。

认识黎世伦的老师和同学都说，经常不走别人走过的路，是黎世伦的一大特点。

初中课程的学习经常会遇到这样的题目，例如：

一个救生员要去救一个落水的人，他有两种路径可以走……比较这两种路径的时间长短，求一个最短的时间。

时间最短的是第一条？还是第二条？

很多人的第一反应是在两个答案中选一个。

然而黎世伦发现，如果救生员通过另外一条路径走，他可以在更短的时间内到达。这不就有“第三条路径”了吗？

黎世伦去问数学老师，老师告诉黎世伦要运用求导的方法来求出这个结果。原来这种题还能这么算，于是黎世伦学会了求导方法，然后，又顺手打开了高等数学的大门。

数学，这个令许多同龄人挠头的学科，在黎世伦眼里，却变成了一件“很有趣”的事情，甚至成了他的一种游戏。初中阶段，他已经掌握了一些学习高等数学的工具与手段，由于成绩优异，在中考前的两个月，他已经被广东实验中学的南山班提前录取。

奇特的“抛硬币”论文

好奇心让黎世伦比同龄人走得更远。

黎世伦曾经看过一个研究，说的是硬币有正面和反面，抛掷硬币是人们做决定时常用的方法。不少著名数学家也做过大量的抛硬币试验。人们普遍认为抛掷均匀硬币正反面的概率是相等的。

黎世伦想，对于一枚不均匀的硬币来说，抛掷的结果又会如何呢？他决定用数学证明、计算机模拟、基于图像识别技术的抛硬币高速摄像实验，来研究抛硬币的公平性。

在研究过程中，黎世伦有过不少失败的经历。为了测量硬币在空中的运动行为，佐证结论，他用高速摄像机捕捉硬币在空中的飞行状况。

第一次实验连续拍了80次，费了老半天的工夫，才发现因为日光灯的发光频率问题，画面的明暗不一致，难以用软件捕捉硬币的边缘，白忙活一场。

总结教训后，第二次实验，黎世伦想办法避免日光灯的干扰。同时每拍10次就

用电脑检查一次，最后成功获取了 120 次高速视频。

最后，他得出的结论是，不均匀性导致硬币的运动“更随机”，最终使得不均匀硬币反而比均匀硬币更公平（偏差为 0.235)。

在由中国科协组织的国际青少年科技交流活动遴选冬令营中，黎世伦的这个项目一举夺得了数学组的全国第一名，获得了代表中国赴美参加全球总决赛的资格。

说起黎世伦，学校的老师一脸赞赏：“他现在的数学水平已经相当于大学硕士研究生的水平了。”

但“学霸”不意味着就是“书呆子”，黎世伦还是一个全面发展、多才多艺的学生。他是班上的篮球队队长；他在校运会男子 100 米比赛中获奖；他喜欢音乐，通过了钢琴等级考试……

世界一流水平

在科学求知的路上，黎世伦并非一帆风顺，他曾一度质疑自己的研究对整个数学发展到底有多大的贡献。

后来，黎世伦想明白了，其实科学的发展就是靠每一个很小的结论推动得来。他的研究项目，虽然说现在可能应用并不广泛，但是将来肯定会有人用到这样的结论。

走出迷茫的黎世伦，又开始埋头他的研究。

一次，他听到了老师讲的一个物理小故事：

两个物理学家从毛细悬浮的实验中，猜测所有物体都有 4 个平衡位置。于是他们去问两个著名的数学家，结果数学家们用微分几何的知识解答并证明了他们的猜测是对的。

听完这个故事，充满好奇心和不爱走别人走过的路的黎世伦，又坐不住了。他进一步联想：除圆以外，什么样的曲线在每个方向上都能达到平衡？这种曲线具有什么性质？

在黎世伦查找资料的过程中，他发现自己的疑问跟一位著名数学家的疑问是一致的，这个发现让他很激动，让他更加有动力循着这个方向去研究。

经过大半年时间的研究，黎世伦写出了论文《从毛细悬浮物理问题引出的凸曲线》，证明了“从毛细悬浮中发现凸曲线具有等长投影的性质，在这其中，有一种特例是等宽曲线”。

黎世伦终于当了一回科学疑难的“终结者”。

也正是因为这篇论文，黎世伦夺得分量最重的 2016 年第九届东润丘成桐科学奖（数学）金奖，成为该科学奖成立以来，唯一一名两次入围总决赛的学生，他的这项研究也被奖项发起人丘成桐教授赞许为“世界一流水平”的研究。

威水史

2015年，获得第八届东润丘成桐科学奖（物理）入围奖。

2016年，作品《抛硬币的奥秘》在第三十一届广东省青少年科技创新大赛中，获得一等奖。

2016年，在英特尔国际科学与工程大奖赛中，获得最终入围奖。

2016年，获得第九届东润丘成桐科学奖（数学）金奖。

2016年，在第二十七届中学“希望杯”全国数学邀请赛中，获得银奖。

我向习爷爷说句心里话

习爷爷，我想告诉您一个在我心中一直点燃着的梦想，我要以科技功勋和学术大师为榜样，刻苦学习，努力钻研，为我国的科学事业贡献自己的力量。祝您身体健康，工作顺利！

要说“航模达人”李至鹏的成功秘诀，他可是有着三件秘密武器呢。

李至鹏：“航模达人”的秘密武器

佛山市实验学校（中学部）801班

在广东省佛山市实验学校，提到八年级的李至鹏，没有人不夸他是一个品学兼优、充满智慧的“航模达人”。问起他成功的秘诀，李至鹏总是羞涩一笑。知情人说，他可是有着三件秘密武器呢。

秘密武器一：打破砂锅问到底

大家都知道李至鹏是“学霸”，但很少人知道他善于用“打破砂锅问到底”的方法探究学习。在课堂上，他认真听讲，主动做笔记，积极举手发言，对新知识能大胆提出自己的见解与解题思路；课余时间，他积极探讨学习上的问题，主动开展小组讨论，分享学习心得，如遇到有疑问的知识点，他便会追着老师问，非要“打破砂锅问到底”不可。

课室里、走廊上，甚至是老师的办公室里，经常可见到他追着老师问问题的身影。“勤学多思，探究学习”已成为李至鹏始终坚持的一个好习惯！

2016年寒假的一个晚上，寒意正浓，已是凌晨12点半了，家人发现书房还亮着灯，走近一看，原来是李至鹏在台灯下做题。问他为什么三更半夜又起床做作业，他说：“在想一个物理问题，睡不着，刚才突然想出来了，于是马上起床记录下来，明天要与生哥（物理老师陈俊生）讨论呢！”

还有一次，一个星期天中午，在广州船模训练后回佛山的路上，李至鹏突然叫家人马上停车，说有重要的问题要做笔记。当时因路边没有停车区，只能在人行道上临时停车。原来他又想到了一个数学问题，要马上记录下来。半个小时过去了，他的问题解决了，而家人的车因挡住了行人通行，差点儿“吃”了罚单！

秘密武器二：一丝不苟，勤练“内功”

除了学习好，李至鹏最为大家称道的，就是“航模达人”。在一次又一次的航模训练中，他总是那么执着，一丝不苟。

作为已有四年多训练与参赛经验的“老手”，每次训练或者参赛，他总是认真做好模型下水前的调试与上水后的维护保养工作，一点都不马虎。

每一次的训练，他都爱“琢磨”：为什么别人的船跑得又稳又快呢？这里面肯定有“窍门”！他细心观察、认真分析，小心调试，试航，再试航……市赛、省赛、全国赛，一个又一个的挑战接踵而来，李至鹏一路过关斩将，收获了航模比赛的诸多荣誉。

2017年6月，李至鹏将代表广东省航海模型队到湖南参加第十三届全运会的选拔赛；8月，他将代表广东省随国家航海模型队到匈牙利参加世界航海模型锦标赛。相信他能比出水平，赛出风格，勇创佳绩，为家乡、为祖国增光添彩！

秘密武器三：爱好广泛，玩出“名堂”

从小，李至鹏就是个阳光少年。除了玩心爱的航模，他还喜欢打篮球、踢足球、骑自行车、弹钢琴等，而且无论什么业余爱好，他总能玩出“名堂”，在各类竞技竞赛中屡屡获奖。

2014年春节，才上小学五年级的李至鹏，初生牛犊不怕虎，与许多中学生一起登上了第三届中国澳门钢琴邀请赛的竞技场。虽说是第一次参加国际级的比赛，一身白色礼服的至鹏气定神闲地坐在钢琴前，当他的指尖在键盘上跳动时，《克列门蒂小奏鸣曲》行云流水般被奏响……在全场热烈的掌声中，李至鹏脱颖而出，荣获了中级组总决赛的金奖。

李至鹏心中有梦想：一是希望成为一名出色的篮球队员，能参加NBA，实现自己的篮球之梦；二是做一名出色的航海指挥员，将来驾驶着中国的第三艘航空母舰，为维护祖国安全、捍卫国家主权做出自己应有的贡献！

“不忘初心，继续前进！”在今后的人生旅途中，李至鹏一定会像航海模型“绕标耐力竞速”那样，继续跑出人生的精彩！

威水史

2014年，在第三届澳门钢琴邀请赛总决赛中，获得金奖。
2016年，在广东省航海模型锦标赛竞赛中，获得第一名。
2016—2017学年度第一学期，获得学校“物理达人”称号。
2016—2017学年度第一学期，获得学校“学习标兵”称号。
2016—2017学年度第一学期，获得学校“体艺之星”称号。
2016—2017学年度第一学期，获得学校三等奖学金。

我向习爷爷说句心里话

习爷爷，您好！我国第二艘航空母舰已成功出坞下水，这是中国人的骄傲呀！今后，我要更加发奋学习，练好本领，将来驾驶着航空母舰，去捍卫国家的主权！习爷爷，您多多保重身体呀！

知识，是我们人类智慧的凝聚，而学习就是在触摸与获得这伟大的一切。学习可以让我们增长见识，使我们获得了解世界，解释世界，从而改造世界的能力。

李铁轩：在享受中学习，在学习中享受

韶关实验中学高三（1）班

韶关实验中学是个精英云集、高手林立的集体。李铁轩刚入校时的年级排名是前30名左右，到高一上学期期末考试时，他就一跃成为年级第一名。此后，所有大型考试（期中、期末），他都稳坐了“年级第一”的宝座，成为名副其实的“学霸”。

“我就是喜欢学习。我非常享受获得知识的过程，我更享受知识为我带来的能力。”

李铁轩怎么会这么喜欢学习呢？我们都知道，其实学习是非常辛苦的事情，如果不是因为父母和老师严格要求、一直监督，我们大都会选择玩耍，哪里会选择主动学习。

对于李铁轩来说，学习同样是件辛苦的事情，而他却能在这辛苦中找到属于自己的乐趣。

有一次，他在一道数学难题上卡住了。他先是认真地研读题目，仔细寻找题目中的线索，认真思考解题方法：左想一遍，方法不对；右想一遍，还是不对，绞尽脑汁想了半天，都是无解。

10分钟过去了，20分钟过去了，30分钟过去了……明明这道题的解题方法就在眼前，可怎么就看不见、抓不住呢？再试一次……最后李铁轩尝试了十多次，费尽九牛二虎之力，才把这道难题解开。

“我没有办法用言语来描述当时解决难题后的那种欣喜若狂的快乐感受。”喜欢迎难而上的李铁轩，在学习上就是这样孜孜不倦，乐此不疲，把解决难题当成乐趣来享受。

“要想成为一个学习成绩好的学生，一点也不难，只要能做到‘三个心’，就可以了。”

李铁轩所说的“三个心”是指：静心、耐心、细心。

静心：静心听好每一节课，认真对待老师上课讲的每一个小知识点。只要静心对待课堂，认真听讲，养成良好的学习习惯，就能打好学习基础。

耐心：对重复复习的知识保持了耐心的态度。有不懂的问题一定耐心地找同学或老师请教、交流。

细心：细心面对平时练习的每一道题，细心面对考试中的每一道题。只要有这份细心，就能在考试中取得突破，避免犯低级错误，取得应有的成绩。

当然，如果学习内容仅止于课内，那未免太枯燥了。李铁轩每天都会给自己留下一些时间，用来阅读课外书籍，追求个人兴趣，他对各方面的知识都抱有浓厚的热情。

他说：“也许，不是每 次耕耘都会有收获，但每一次努力都是在为未来的成功积聚力量。”

身为班级里的学习委员、数学科代表的李铁轩，不仅自己喜爱学习、善于学习，同时也是同学们在学习上的好榜样和好帮手。

“受同学喜爱，与同学融洽相处，会使你感到学校生活充满乐趣，并满怀热情地投入学习生活中。”

李铁轩常常将同学们提到的好方法记下来，并在自己身上尝试，同时也乐于把自己的学习方法与同学们共享。

“我向语文成绩优秀的同学学习，同时，也帮助理科方面较弱的同学提高理科成绩。我们互相学习，互相进步，合作双赢。”

静心学习，耐心学习，细心学习，李铁轩乐在其中。他的自主、科学、有序的学习方法，就像是他为自己学习成长的航船配备了导航的罗盘、促力的风帆，得以尽情快乐地遨游于学习的海洋。

威水史

2016年，在广东省高中数学联合竞赛中，获得一等奖。
2016年，在全国高中数学联合竞赛中，获得二等奖。
2016年，在第三十三届全国中学生物理竞赛中，获得三等奖。
2016年，在广东省中学生生物学联赛中，获得一等奖。
2016年，在广东省高中学生化学竞赛中，获得一等奖。

我向习爷爷说句心里话

习爷爷，我马上就要高考了，我要好好努力，争取做习爷爷的校友。

人生的路时时有竞技，处处是赛场，有的人会勇往直前，有的人会选择逃避，李子凡在竞技场上享受着成功和快乐，他说："我认为自己还谈不上什么成功。一定要说有什么心得的话，也不过是多阅读、多思考罢了。"

李子凡：乐在阅读思考中

深圳市宝安区实验学校八年级（2）班

李子凡的小名叫"乐乐"，大名是"子凡"，看得出他爸爸妈妈对他人生最大的期望是"快乐"。爸爸妈妈一定认为，做一个平凡的人是最快乐的。但是，如果把学习当成一种沉重的负担，又天天去补习班，会快乐吗？如果总是艰难地跟在别人后面，常常被人批评，会快乐吗？在同龄人中，有谁真正快乐呢？

李子凡很快乐。因为他把阅读当作四驱车，在成长的路上纵横驰骋；他把独立思考作为攀登的梯子，不断刷新人生的高度。翻开他的履历表，获奖的数量和种类多得令人眼花缭乱——光是数学的奖项就超过10个，英语的奖项超过数学的，还有作文、演讲、书法、手抄报……而且他从小就热爱体育，经常参加体育活动，初中后基本每天放学都会去打篮球，假日也经常和家人一起去爬山。李子凡，你好厉害呀！但是，在成功面前，李子凡却显出了超越年龄的冷静和理性："我认为自己没有什么特别厉害的地方，只是可能我的思维方式会略偏理性，有时候问问题也会有些'刨根究底'的样子。"

但是，真的那么简单吗？其实，他是有秘诀的。

秘诀一：读书，读好多好多的书

子凡的成长道路和我们大多同学一样，从阅读《三字经》和《百家姓》起步。这两本书，可以说是打开他以后阅读大门的钥匙。后来，他不满足了，又去读《唐诗三百首》，当他背着"前不见古人，后不见来者"时，又同时去阅读《学与玩》《天文爱好者》等杂志。开始只知道有李白、陈子昂的李子凡，本来是想不到这世界上还有牛顿、爱因斯坦这样的人。那是另外一个比唐诗更广阔的世界，他被这丰富而新奇的知识迷住了，从那时他就开始喜欢上了阅读。

等到长大一点，子凡的“胃口”越来越大，除了科普类，国学、天文、史地、哲学等方面都有涉及，尤其是数理化方面的大量阅读，让他养成了勤于思考、绝不盲从的学习习惯。

秘诀二：有备而来，随机应变

初一那年，李子凡参加了中央电视台“希望之星”英语风采大赛并进入了决赛。决赛有两个环节：

第一个环节是在给定的10个主题中随机抽取一个主题做演讲。子凡在正式比赛前一个星期才知道给定的主题，根据老师的建议及自己的时间安排，子凡只来得及选择两个主题准备了演讲稿。但是，子凡是个心思缜密的人，他利用候场的半个小时，迅速地想好了另外7个题目的思路。于是，10个主题中只剩一个是没做任何准备，应该是万无一失的。可当他走进考场，抽出考题的时候，却猛然发觉题目就是那个“万一”——完全没有准备的那个。懵了一下后，他强迫自己冷静下来，马上想到了自己准备好的一篇稿子，如果运用逻辑转换，是可以找到和这个题目的共通之处的。情急之下，子凡临场将那篇稿子做了一些改动，顺利完成了第一环节的脱稿演讲。

第二个环节是才艺表演。当李子凡拿出一把小提琴时，面前的3位评委似乎有些惊讶，原来，他竟然是当天那个考场第一个带乐器来现场的考生，其他选择演奏乐器的同学，担心现场演奏发挥不好，都是在家录好来播放的。

这次比赛，子凡获得了一等奖。他有点意外，能在初一时获得整个初中组的一等奖，实在是太开心了。但谁能说是“意外”呢？大量、广泛的阅读，培养了他随机应变的能力，也培养了他足够的自信心。

秘诀三：智慧，源自多思

因为阅读广泛，李子凡的思维特别活跃，他对什么都有兴趣，做起来又特别认真，所以，他看起来比别人更容易成功。其实，李子凡的成功秘诀之一是养成时时独立思考的习惯。

“美思你”是在深圳发起的一项旨在培养学生开拓思维的活动。在活动开展的那段时间，每周一个主题：周五发布问题，在下周二下午6点前截止收稿。“美思你”团队的老师会在当周周三上午9点后发布点评，针对参与学生的答卷特别出彩的部分进行点评。活动包括各个学科：语文、数学、物理、英语、历史、地理、生物等。这个活动不像常规的学科考试，而是一种开放性的活动，涉及知识面广，而且需要大量时间查找资料，没有所谓的标准答案。喜欢思考的李子凡从小学六年级下学期开始，就参加这个活动，一次都没有缺席。为什么？他就是喜欢接受挑战，挑战自己的大脑思维。

初一的“物理活动12”，主题是“隐形”，要求参赛者除了对隐形进行理解和描述外，还要做一个“隐形”的实验。他爸爸妈妈都觉得这个题目比较难，但李子凡觉得没有什么，因为他曾经在好几本书上看过这个理论和一个用玻璃杯、硬币和水来做的“硬币隐形”实验。但是，按照他对“隐形”的理解，觉得玻璃杯太小、又是透明的，做不到完全使硬币“隐形”的效果。于是，他结合家中的实际情况，准备把玻璃杯换成更大的、不透明的洗手池，因为他认为在理论上这个想法可行。在一个周日，李子凡根据自己的理论在家做了第一次实验，实验虽然成功，但子凡对结果不是很满意。经过仔细分析，他发现原来是硬币的位置没有控制好。

发现了问题，李子凡决定再做一次实验。周一放学后，他按平时的计划，吃完饭先拉小提琴，做完作业后再开始做实验。

子凡在家做实验时，爸爸妈妈外出办事去了，还在回家路上，他们就接到孩子的电话，“爸，你赶快回来，我成功了！”

爸爸一听，就明白了这“成功”的含义，马上飞奔回家。实验过程需要的照片都需要子凡自己拍。子凡爸爸回家只是负责在子凡拍实验视频时，按照他的要求开关水龙头。实验完成后，子凡在当天晚上就对文稿进行最后的修改、润饰，在晚上11点后全部完成交稿。不用说，这一次，李子凡又成功了，老师对这份关于“隐形”的实验报告给出很高的评价——因为实验容器的改动实在是太有创意了，所以也理所当然获得了最高奖项——智慧奖。

人生的路时时有竞技，处处是赛场，有的人会勇往直前，有的人会选择逃避，李子凡在这条路上享受着成功，并且玩得那么快乐，他说：“我认为自己还谈不上什么成功。一定要说有什么心得的话，也不过是多阅读、多思考罢了。”

威水史

2015年，在第一届“妙语连珠”成语电视大赛中，获得优胜奖。

2016年，在第二十一届全国华罗庚金杯少年数学邀请赛决赛中，获得二等奖。

2016年，在深圳市青少年数学文化周活动数学演讲比赛中，获得一等奖。

2016年，在“希望之星”英语风采大赛国际赛广东赛区城市决赛中，获得一等奖。

2016年，经中国音乐家协会音乐考级委员会评定，获得小提琴九级证书。

2015—2016学年度，被评为深圳市“三好学生”。

我向习爷爷说句心里话

习爷爷，您平均每天阅读多长时间？我是不是要加快我的国学经典阅读进度才能跟上您的节奏啊！

陈妍蓁徜徉在诗意童年里幸福成长，诗歌不但是她的一种乐趣、一种特长，还在她身上化为一种迷人的爱的力量。

陈妍蓁：用美好的诗歌点亮美好的心灵

汕头市龙湖区金珠小学五年级（1）班

诗的童年，童年的诗

陈妍蓁5岁那年，有一次到姥姥家，她看到姥姥牙齿掉了，装上了假牙，吃东西非常不方便。她想，能有什么办法让妈妈以后不用装假牙呢？在回家的路上，她就有了种牙的想法。

自己的乳牙掉了，如果把它种起来，以后就能给妈妈装上了。就这样，年仅5岁的小妍蓁创作出了她的诗歌处女作——《种牙》。

乳牙掉了
我把它们种在土里
等妈妈老了
牙齿掉光了
我把我的乳牙给妈妈装上

乳牙脱落，是为了长出新牙。而在小妍蓁的眼中，乳牙的使命并未完成，只是它们还太小，需要种在土里，一天一天成长。她用诗告诉自己，我就像乳牙一样，目前还没有能力去照顾妈妈，但爱的种子已经深埋心底，当母亲需要的时候，自己就是她的依靠。

这样有孝心与童心的孩子，怎能不让人感动？

陈妍蓁很小的时候，妈妈经常陪着她一起朗读诗歌。好的诗歌就像淅淅沥沥的春雨，润物无声地渗入小妍蓁的心灵，不仅提高了她的艺术修养，还陶冶情操，培育了美好的情感。从7岁开始，陈妍蓁创作的诗歌作品相继在《南方日报》《中国少年文摘》等报纸、杂志上发表，成为全校闻名的小诗人。

小小老师，大大舞台

陈妍蓁有了一个新的梦想："我要当一名诗人老师，不仅自己写诗，还要教更多小朋友一起来写有趣的诗。让更多小朋友走进诗歌的乐园，分享写诗的乐趣。"

2015年11月，在汕头市金珠小学读四年级的陈妍蓁实现了这个梦想。学校成立了以她命名的"金珠小学妍蓁童心诗社"，并让她担任社长，独立备课，独自带领30多位低年级小同学读诗写诗，在诗歌的世界里快乐遨游。

小妍蓁老师充满智慧的小脑袋里装着许多古灵精怪的奇思妙想，她的课堂上有笑声、有欢呼声，还有小同学惊讶的尖叫声：

有时她化身为会变魔法的小巫婆，给同学们带来甜点；

有时她又是一位送来神秘礼物的圣诞老人；

她还经常带着低年级的同学走出教室，在操场上，她是"老鹰抓小鸡"游戏中，张开双翅努力保护小鸡的大母鸡。

陈妍蓁的诗教课没有固定的模式，没有任何仿照，也没有任何参考，一切随心走，同学们在她创造的快乐氛围中找到了灵感，感受到了诗意。

画画写诗法和唱诗法

陈妍蓁为了教会大家写诗，充分调动同学们从诗歌中获取想象力，独创了一套"画画写诗法"，让同学们在画中写诗，在诗中作画。

有一堂课，陈妍蓁在课堂上即兴请一位小男孩到黑板上画画，小男孩随意地画了几条横线和几条曲线，中间还插画了两条小鱼。

陈妍蓁引导小男孩说出画面的内容，小男孩一时想不出该怎么表达。智慧的陈妍蓁对小男孩说，我能让这幅画成为一首小诗。她立刻在小男孩的这幅画旁挥笔作诗，写完诗又与小同学们一起给诗歌取了个名字，最后他们通过投票的方式，给诗歌选好了题目——《可怜的小鱼》。

一条乱糟糟的小河
有两条可怜的鱼儿
它们没有了爸爸妈妈
怎么办?
该怎么办?

没有借助华丽的辞藻，短短几行朴素的文字，童真尽显：人类破坏生态环境，原先清澈的河水变得乱糟糟，小鱼儿刚出生就失去了爸爸妈妈。诗中这一声声“怎么办？该怎么办？”就是陈妍蓁和同学们替可怜的小鱼儿对人类的控诉！

陈妍蓁对大家说：“我们心里想什么就画什么，在画中作诗，在诗中画画，表达我们真实的情感。”

诗社的同学们好像突然开窍了，他们纷纷拿出画笔表达自己的情感。一个一年级的小男孩画了一张笑脸和一张哭脸，陈妍蓁引导他说出来并帮他记录下来，于是，一首满满童心童趣的小诗写出来了……

陈妍蓁还独创了一套“唱诗法”，她让同学们利用手中的每种乐器，将自己创作的诗歌以弹唱的方式表达出来。他们唱着自己的原创诗歌，自信快乐地享受着诗歌带给他们的美好，真正体验到了“我学诗，我收获，我快乐，我成长！”

诗心、童心、爱心

在诗意的润泽下，真善美的种子在陈妍蓁的心里生根发芽。

在菜市场，陈妍蓁会给乞讨的老爷爷买一块软软的蛋糕；在路旁，她会给乞讨的叔叔送上自己的零花钱。她曾经这么说过：“他们需要帮助，我如果不帮助他们，我会觉得心不安。”

一天傍晚，北风呼呼地吹着，在放学回家的路上，陈妍蓁看到了人行道上躺着一位流浪汉，身上盖着一条薄薄的被单，身体不停地颤抖着。陈妍蓁和接她回家的妈妈赶紧到快餐店买了盒饭，然后又到家里拿了爸爸的棉袄给流浪汉叔叔送去。当天发生的这件事，妍蓁用诗歌的形式把它记录了下来。诗的最后是这样写的：

……
妈妈，天冷了，
我们把一颗温暖的心好好保存着
不让它偷偷溜走，好吗?

诗歌，不但是陈妍蓁的一种乐趣、一种个人特长，还在她身上化为一种迷人的爱的力量。

威水史

2015年，在广东小学生诗歌节现场创作总决赛中，获得一等奖。

2016年，获得潮汕星河奖文艺奖二等奖。

2015—2016学年度获得汕头市“优秀少先队员”称号。

2016年，在第四届“超新星快乐作文大赛”中，获得二等奖。

2016年，在广东小学生诗歌节现场创作总决赛中，获得一等奖。

我向习爷爷说句心里话

敬爱的习爷爷，我从来没有见过我的爷爷，我想让您做我的爷爷！

虽然他还在读高一，却已经是清华大学的准大学生了。

高嘉煊：预订一张清华的“入门券”

中山纪念中学高一（11）班

玩转“火星文”的“码农”

五年前，在中山纪念中学的一个小学的信息学兴趣班上，老师在训练学员们的数学思维。

“这是一道叫作‘火星文’的题目，主要是考大家进制下的转换。”来自中山纪念中学的信息学教练熊超老师在讲课。

进制也就是进制位，是信息学的基础知识，常用的进制包括：二进制、八进制、十进制与十六进制，它们之间的区别在于运算时是逢几进一位。比如二进制是逢2进一位，十进制也就是逢10进一位。

对熊超老师的讲解，很多同学都不能理解，大都是一脸茫然的样子。忽然，熊超老师发现有一个男孩却是一副了然于胸的样子，便好奇地与他互动起来。没想到，这个学生竟然对这道“火星文”题目很快就理解了，还能提出优化的解法……

“咦！”熊超老师眼前一亮，“这是个学‘码农’的苗子。”

“码农”顾名思义为编码的农民，业内人士习惯把专注于程序设计工作的人称为“码农”。这个叫高嘉煊的学员当时是沙溪龙瑞小学五年级的学生，已经显示出不俗的“码农”天分。不久，高嘉煊小学毕业，他进入中山纪念中学，并加入了信息学竞赛队。

要变强，就要把眼界放大

“要想在信息学方面出成绩，不仅要具备极高的综合素质，还要有良好的行为习惯，能静得下心来。作为一个专业‘码农’，需要很强的抗外界干扰的能力，还要有很强的思维能力。”中山纪念中学信息学竞赛队的宋新波老师常常这样提醒队员们。

高嘉煊严格要求自己，他争分夺秒加紧练习。有时候周六下午训练完回家，很多人都是玩手机或者打游戏或者看视频，但他会报名参加网络的线上比赛来训练自己。

初三时，高嘉煊参加在四川绵阳南山中学举办的全国信息学奥林匹克冬令营，他拿到了一个很低的分数，他的心情跌到了谷底：“我是不是应该放弃？”

满分300分，而高嘉煊只有10分。他感觉没有实力继续学下去了。

带队的宋新波老师说：“从前的学长都是在一次次的模拟赛和真实比赛中被‘虐’出来的。从被‘虐’中走出来，才可能在以后走向辉煌。”

“原来在我眼中很强的师兄，都是从一次次垫底、一颗颗眼泪中走过来的！”高嘉煊不再失落，最后他坚定了一个信念：要变强，就要把眼界放大，不对失败斤斤计较，不对成功念念不忘。

高嘉煊知道：自己的路只能够自己走。经过努力，他的水平提高很快，在全国青少年信息学奥林匹克联赛NOIP提高组、广东省信息学决赛获得一等奖，并在2017年CCF NOI举办的NOI2017冬令营中以全国前15名的成绩获得一等奖。

突破自我

一天下午放学后，几个同学问高嘉煊去不去打篮球。

“去，怎么不去？”高嘉煊知道同学们是怕打球会影响他的学习。确实，常年参加竞赛，他落下了很多功课要补，但篮球也是他的一种爱好，怎么能放弃？

平时高嘉煊会在放学的时候约上几个同学一起去球场打球，有时会遇到班主任，就和班主任一起玩。他在场上的作用是防守以及传球，论防守，他比一般人要强，会拦下很多球。他甚至还代表班级参加了学校举办的JBA篮球比赛，并在比赛中表现突出。让他着迷的不是比赛的胜负，而是竞技过程中的团队意识，以及面对强敌不怕失败、勇往直前的拼劲。

打篮球能让高嘉煊头脑清醒、反应敏捷。这对他参加竞赛很有帮助。

2017年2月10日清华大学在杭州举办信息奥赛冬令营，高嘉煊克服连续征战带来的疲惫，经过长达5小时的比赛，面对着从未尝试过的复杂式子，他最终找到了最优解法，成功获得了面试的机会。

面试是在杭州学军中学紫金港校区的一间教室里进行的，高嘉煊的位置在教室中央。在他的对面是3位面试老师的座位，全程只有他一人应对。气氛很凝重，高嘉煊不断在心里暗示自己放松心情。

“我叫高嘉煊……”在做自我介绍的过程中，他大方地展现自己，表达自己对信息竞赛的热爱，简述平时的生活。面对面试官的提问，他尽全力做到有理有据、流畅清晰地回答。

问题1：计算机如何判断一个点是否在一个多边形内？问题2：如何知道一个二进制数有多少位……

前三个问题，高嘉煊答出来了，老师觉得比较满意。而问题“如何证明有无数个素数”他没有答出来，但他给出了解题的思路：如果有数个，要证明不止这么多个就说明要构造一个新的素数。老师说他答到了点上。

面试官提出的四道数学题，虽然有一道他没有答出来，但他尽量展现了自己思维的严谨和周密。

当天下午公布面试结果，当高嘉煊听到自己获得无条件一本线协议时，激动得说不出话。

他知道还在读高一的自己凭着优异的表现和不俗的学识，已被清华大学预录取，是一个准大学生了。

威水史

2016年，在全国青少年信息学奥林匹克竞赛中，获得三等奖。
2016年，在全国青少年信息学奥林匹克联赛复赛中，获得一等奖。
2017年，在全国青少年信息学奥林匹克竞赛中，获得一等奖。

我向习爷爷说句心里话

习爷爷，您说我们每个中国人都应该有自己的梦想！作为一名热爱信息学的中学生，我的梦想是创造拥有我们国家自主知识产权的、优秀的商用计算机操作系统，我将为此不懈努力！

智慧与成功是人生旅程上的明珠，谁都希望采撷。学会选择，学会管理，学会坚持，明珠将会属于你。

黎俊乐：和未来有一个约定

东莞市东莞中学高二（6）班

在东莞中学，“黎俊乐”这个名字相信会有不少人认识，因为他的照片就贴在宣传墙上。

他凭什么这样威武？他是“获奖大王”啊！从国家级一直到省市级，数学、物理、化学、计算机，甚至连朗诵，那些一等奖、二等奖全让他拿了。简直是出神入化！

我们总以为要学习成绩好很难，参加那么多比赛肯定很苦，但走近黎俊乐，你会发现，原来学习要想获得好成绩并不难。

黎俊乐生长在一个教师家庭，妈妈是一名小学语文教师，爸爸是一名高中的物理教师。妈妈对俊乐的口头禅就是：自己的事情自己做。这句话说起来虽然很普通，却也很有效，这培养了俊乐做事、学习有计划、有原则的习惯。他记得小时候跟爸妈逛超市，妈妈都会问：“你要买些什么？”俊乐说：“买些吃的和一本迷宫之类的书。”（小时候喜欢迷宫对长大喜欢编程应该有影响吧）然后妈妈还会问：“买几种零食？”多数时候小孩子都会拿不定主意，妈妈就说：“那就买3种，一种一包。”到了超市，俊乐看到喜欢的零食就往购物车放，到第四种的时候，妈妈就会提醒：“只能3种哦！”从那时候，俊乐就学会了做必要的选择。

学会选择，就是学会管理，这对一个人的学习和成长非常必要，知道成绩好是怎么得到的了吧？

俊乐的获奖经历是从初中开始的，初中一年级结束后的那个暑假，东莞可园中学的古老师作为学校编程队的辅导老师，邀请了数学成绩比较优秀的同学参加一周编程的入门学习，其中就有黎俊乐。于是，懵懂的少年发现了一片新天地。原来，这是充满别样的数学，它可以解决很多生活中的问题，我们生活中常使用的冰箱、洗衣机、电视、豆浆机等，都与程序有关；而现在最热门的3D打印技术、无人机、智能机器人等，都离不开信息技术。编程学习中难题与挑战并存，各种算法的实现让第一次接触编程的黎俊乐觉得相当神奇，由此爱上了计算机科学。

计算机科学是一门神奇又神秘的学科，但又不是谁都能潜下心来研究的，因为计算机里隐藏着各种“山峰”要你去攀登。光是“数学建模”这个名词就吓倒了许多人。但是，黎俊乐说，虽然计算的过程因为重复而有时感到枯燥，但当程序运行成功后，那种成就感带来的巨大快乐却无法言说。黎俊乐就乐在这个过程，每天5点钟放学，他都会留在学校的编程队里写1个小时代码才回家做功课。到火车站买车票，看到火车票系统运行比较慢，他就会思考自己能不能编写更快的算法。就因为热爱，俊乐一直坚持着，当年古老师招收了20名左右的学生学习编程，而最终，坚持到初三便只剩下他一个人。

2015年2月，黎俊乐参加广东省信息学重点中学邀请赛。这是他第一次参加这种省级排名性质的高手如云的比赛。比赛不分初中、高中，所以题目对于初三的他是相当难的。机房里，身边高手们的敲击代码声“啪啪”不绝，而俊乐只能反复翻看题目无从下手。在参加那次比赛前，他刚在全国联赛初中组中获得了国家一等奖，确有些小骄傲。但这回在第一试时，他把4个小时全花在了第一题上，第二试则主攻第一、第二题的部分。结果比赛下来，两试的总成绩只得40分，对比满分800分，少得可怜。

比赛完的那个晚上，黎俊乐和同行的师兄一起在中山大学岭南学院散步，还沿着珠江岸边走了一段。灯火璀璨的珠江夜景很美。在繁华都市的夜晚中，他与这个城市约定，将会以更强的实力回来，取得更好的成绩。

是的，人类探索科学的路很长，跟未来有一个约定，就能让自己有了“更大”的目标和勇气。

威水史

2014年，在全国青少年信息学奥林匹克联赛复赛中，获得普及组一等奖。

2015年，在第二十五届全国初中应用物理竞赛中，获得一等奖。

2015年，在全国青少年信息学奥林匹克联赛复赛中，获得提高组一等奖。

2016年，在全国青少年信息学奥林匹克联赛复赛中，获得提高组二等奖。

我向习爷爷说句心里话

在信息化时代里，习爷爷对信息技术有所涉猎吗？可以与您交流有关信息技术的心得吗？

努力到无能为力，拼搏到感动自己！这才是我们中学生应该具有的新形象。无论是对待学习、体育运动，对待班级责任或是社会实践活动，我们都应该做到这样。

何泓乐：起飞的雄鹰

阳江市第一中学高一（1）班

小升初考试，他以全阳江市前三名的成绩被“阳东广雅中学”免费录取；初中升高中，他以阳江市前十名的成绩，获得阳江市第一中学的免费入读名额及入学奖学金奖励；在高一第一学期三次月考中，两次获得阳江市第一中学全年级第一名。这个成绩异常优秀的孩子名字叫：何泓乐。

“一分耕耘，一分收获。”他在学习上取得的成绩，与他的勤奋和学习方法密不可分。

主动学习

他说：我就是把“要我学习”变成“我要学习”。每个新学期开学前，他都提前做好课本的预习，到了上课的时候就能快速地掌握老师讲到的知识，遇到不懂的能及时提出来，课后还认真做好复习。

刻苦钻研

他在学习上有股钻劲，对于难题喜欢寻根究底，如果他自己解决不了，会找来同学一起讨论、研究，或者请教老师，直到把难题弄懂、攻破才肯罢休。他还专门准备了一本错题本，把作业或考试时做错的题择抄到错题本中，并做好改错。有空时再拿出来看看，重新做一遍，让自己的薄弱题得到多练和补强，在下次遇到同样的题型时避免再做错。

珍惜时间

阳江一中占地面积广，教学楼、宿舍楼、食堂、运动场相隔较远，这意味着一个学生花在校道上的时间相当长。“我喜欢快走，在两个地点间移动时，我总是习惯性地查看手表，看看花在路上的时间有多少，这其中也有一种惜时的乐趣。对每天、每周的时间进行高效利用，提前规划，制订好学习计划，然后严格遵守，这就是我能获得好成绩的秘诀。”他如是说。

全面发展

何泓乐对自己的严格要求并不只是体现在对待学习上，他觉得各方面全面发展，将来才能更好地实现人生价值。

热爱运动的他每年都积极参加学校举办的校运会，并在赛跑运动中取得不错的成绩，为班级争光。

同时，他还是个乐于参与社会实践，积极将自己的创想运用到实践中去，以为社会服务为己任的时代先锋少年。

他助力阳江市创建国家卫生城市：2017年阳江市正在创建国家卫生城市。何泓乐作为阳江青励工程学员一队“创卫社会调研活动组” 的其中一员，从活动策划、设计调查问卷、街头采访调查、宣传创卫意识、完成调查报告等，参与了全过程。他们详细分析了阳江市的卫生现状，并向创卫主管部门提出了合理化建议，得到了市政府的重视和肯定，副市长程凤英接访了他们并听取了他们的报告。《阳江日报》对此进行了报道。

2016年是中国共产党成立95周年，也是长征顺利结束80周年。为传承长征精神，弘扬爱国主义精神，何泓乐参与组织了“荧光夜跑感恩实践活动”。该活动得到了市民的积极响应，报名并参加“荧光夜跑”活动的市民达到了500人，取得了很好的爱国宣传效果。《阳江日报》对此也进行了报道。

2017年3月1日，何泓乐与梁

业升同学合作，自主设计制作了具有校园特色的文化作品——《2017年简易日历》在以“崇文修德，善行一中”为主题的“三五大义卖”活动中深受同学们欢迎，筹集到的善款最多，达到1 900多元。

“少年智则国智，少年强则国强。”智慧好少年何泓乐，就是中国未来的脊梁。他全面发展，积极进取，乐于奉献，表现优异。这个追梦的好少年，正像一只雄鹰向着自己的理想执着地起飞！

威水史

2015年，在学校运动会中，获得200米赛跑金牌，100米赛跑铜牌。

2015年，被评为校级“优秀学生干部”。

2016年，在学校运动会中，获得100米赛跑铜牌。

2016年，在第十届IEEA国际英语精英赛（中国区）选拔赛初赛中，获得广东赛区一等奖。

我向习爷爷说句心里话

习爷爷，在您领导下的中国特色社会主义建设收效颇丰，尤其是经济发展与反腐工作让人民放心、自豪。我为中国有您这样一位出色的领导人感到骄傲。

为明天做准备的最好方法就是集中你所有智慧、所有热忱，在今天努力学好真本事，掌握真技能，这就是职业技校生郑锦权实现未来理想的方法。

郑锦权：能工巧匠修成“正果”

广东省石油化工职业技术学校机电141班

修成”正果”

是读高中呢？还是读职业技校呢？

这可不是小朋友玩掷骰子游戏，而是郑锦权的一个人生抉择。

郑锦权初中成绩还算中等，面对中考，虽有点压力，但考上县二线的高中应该是没问题的。

可郑锦权从小对电器和手工制作特别感兴趣，他从小的理想，就是做一名维修技师。没错，条条大路通罗马，作为物质财富的生产者和产业技术的创新者，技术工人是社会发展的动力。所以，技术工人的前景，一点也不比那些本科生、研究生差。

就这样，郑锦权走进了广东省石油化工职业技术学校。

可是，理想很完美，现实却很“骨感”，学技术其实和读大学一样，都是一件极不容易的事情。

先说钳工实训练习，那天老师布置的课题是锉一个六边形，而且每个角度还要求是120度。郑锦权开始以为挺容易的，拿起锉刀在铁块上动起手来……结果许多和他一样想法的同学都跑题了，没锉几下，就把零件锉成了一个个歪瓜裂枣的废品。

有了前车之鉴，郑锦权每个动作都小心翼翼地，生怕把零件给弄废了。整整一天拿着锉子反反复复地做着这么一个动作，又闷又累，而且第二天手酸酸疼疼的，连筷子都抓不稳。

郑锦权终于明白，能工巧匠不是一朝一夕就能练出来的。他没有灰心，咬着牙继续练锉工……老师过来指导，并亲自示范锉削动作，还说了一些技巧。郑锦权仔细看、仔细听，还认真做了笔记，生怕漏了老师的一句话，一个小动作。

几天后，费了九牛二虎之力的郑锦权终于修成了“正果”。

国赛获奖

“锦权啊，最近有个全国钳工类的比赛，你实训的成绩还不错，准备一下，先参加学校的选拔吧。”这天，老师给郑锦权布置了一个任务。

郑锦权拿到厚厚的一本书，里面有3 000多道考题。老师要求大家在一个月的时间完成3项任务的训练，理论、钳工装配、换热器安装与调试，可想而知，时间很紧迫。郑锦权每天都在争分夺秒地背题，实操练习，一点都不敢松懈。

学校选拔比赛开始，这一刻郑锦权的内心毫无波动，因为他已经准备好了。果然，他在20人中脱颖而出，成为代表学校去参加国赛中的几位幸运儿之一。

好戏终于开始了。国赛那天，会场高手如云，全场充满了各种各样敲碰铁块的声音。在漫长的4个小时里，郑锦权把锉削铁块的声音全抛在了脑后，淡定思考着图纸，然后一门心思锯、锉、钻……

“叮叮叮……”时间到了。

郑锦权放下了手中的活，眼瞅着工件，“嗯，看起来还行。”他自信地说。

现场每个人都全神贯注地盯着大屏幕，等待着赛果的揭晓。公布的获奖名单上，郑锦权和他的同学获得了团体三等奖，并取得了高级钳工证书。郑锦权笑了。

小郑大师傅

郑锦权在学习上用热爱的态度对待每一门科目，他两次获“东莞正新包装制品有限公司”一等奖学金，两次获得校“优秀团干部”“优秀学生”称号。在学校技能竞赛节中，还获得电工项目一等奖、手工艺品项目一等奖。

很快，郑锦权品尝到“能工巧匠”的好处。

有一次，郑锦权家里的坐地风扇坏了，他把老师教的维修方法——“望闻问切”用上了，很快找到了一个疑似故障点。他再拿万用表测了一下，把这个故障点给落实了。

郑锦权赶紧把出故障的电容型号写下来，去五金店里购买，回到家就把它换

上了。十几分钟的维修过程让他满头大汗。可当插上插座，按下按钮的那一刻，风扇“呼呼呼”地转了，仿佛转得好开心。郑锦权也很开心。

有时候左邻右舍电器坏了需要维修，郑锦权都会主动去帮忙，还会帮人安装家庭电路，邻居们都把小郑同学当成技术娴熟的维修大师傅呢！邻居们很幸运有这个“能工巧匠”做邻居。

郑锦权平时在家里喜欢做木工活，做一些模型。但是由于工具的局限性，效率非常低下，用美工刀来切割，费力费时间，如果买现成的工具又比较贵。于是郑锦权萌发了运用在学校学到的知识和技能，自己做一台迷你小台锯的想法。

他先利用CAD软件画出零件图，然后找木板按照图纸用锯慢慢地加工，最后用砂纸打磨。接着做了机架装上电机再装上锯片，机械部分就算完成了。家里正好有一个废旧的电脑电源，用来试了一下，小台锯“呜呜呜”地动起来啦！

这个小台锯用起来得心应手，原来要用十几分钟的时间手工切割木头，现在用小台锯十几秒就可以完成了。

郑锦权知道，为明天做准备的最好方法就是集中你所有智慧、所有热忱，在今天努力学好真本事，掌握真技能，这就是实现未来理想的方法。

威水史

2015年，在全国职业院校技能大赛中，获得团体三等奖。

2014—2015学年度，获得学校“优秀学生”称号。

2016年，在第十二届全国中等职业学校“文明风采”竞赛广东复赛中，获得二等奖。

2016年，在学校五四青年节表彰中，被授予“优秀团支部书记”称号。

我向习爷爷说句心里话

习爷爷，一直在《新闻联播》里看到您跟别人握手，我也好想跟您握握手哦。

才艺好少年

只要从小就沿着正确道路走，学到一点，就实践一点，努力做最好的我、在自己最好的方面，人生就会迎来一路阳光。

——2014年5月30日，习近平同志在北京市海淀区民族小学看望少年儿童寄语

太阳有属于它的光芒，我也要创造出我的辉煌！

曾杨茜：为自己铺一条开满鲜花的路

深圳市南山外国语学校科苑小学五年级（3）班

“太阳有属于它的光芒，我也要创造出我的辉煌！”这是曾杨茜参加“最美南粤少年”的宣言。多么豪迈！此刻的杨茜正沐浴在灿烂的阳光下，你仿佛看见她伸出双手，承接着那给人希望的生命之光，欢快地走在童年的路上。

曾杨茜的童年之路，真的是铺满了鲜花，各科成绩优异，多次荣获学校“三好学生”、优秀班干和队干、各科小状元和“艺术之星”等荣誉和称号；四年级开始就多次在《深圳日报》《深圳青少年报》和《蛇口消息报》等报纸发表中英文文章；利用课余时间学习各种才艺技能，声乐、作词作曲、绘画、舞蹈和主持播音等都取得了很好的成绩，多次获得国际和国内大奖，并且经常在央视和深视等电视台演出和主持节目……荣誉如漫天花雨，纷纷洒洒，把一个11岁的女孩打扮得像光华四射的仙子。

然而，这花雨真的是从天而降的吗？错了，是一朵一朵地，由小杨茜自己亲手栽种的。她洒了多少汗水？她放弃了多少普通儿童的玩乐？她又经历过多少失败？

杭州：我们是一个组合

2011年年底，6岁的曾杨茜参加“阳光花朵”中国少年儿童艺术节声乐比赛，在经过层层淘汰赛后，她和4个小伙伴组成的组合终于进入了全国总决赛。总决赛2012年1月27日开始在杭州举行。早春的杭州气温在0℃上下，又湿又冷，对于从广东来的孩子，是一个严峻的考验。比赛前一天，小杨茜突然感冒高烧超过40℃，看着孩子那烧得通红的脸，妈妈心疼死了。心想，明天不能参加比赛了。妈妈拿起电话，准备跟老师商量。可转念一想，还是先跟孩子说一声，要尊重她的意见。于是，妈妈轻轻地对杨茜说："小宝，发高烧了，咱们明天就不去参加比赛了，我一会儿跟老师请假，好吗？"杨茜很疲倦地睁开眼睛，看着妈妈说："妈妈，这次我们是组合，我不去她们就比不成了，我们很难才进入全国总决赛，不行的，我得去。"

看着坚强懂事、有集体精神的乖孩子，妈妈点点头。接连几天，曾杨茜一边用药一边坚持参加比赛，候场时小杨茜裹着厚厚的羽绒大衣，因为高烧还在发抖，上场表演时只穿着短袖演出服却跟换了个人似的精神抖擞。小杨茜坚持完成了比赛，最终她和小伙伴们不负众望，夺得了第一名——特等奖。

北京：我会再来

曾杨茜是个勤快又不服输的孩子，她的学习成绩很优秀，课余涉猎非常广泛。声乐、主持、美术、书法，样样精通。她从4岁就开始学习画画，水墨画画得特别好。2015年6月，"全国少年儿童美术书法摄影作品征集活动"开始了，她画了一幅《漓江之春》，信心满满地寄到北京参加比赛。当时，在深圳的曾杨茜认为自己一定能够荣获这次活动的第一名——特等奖，可是结果出来了，获得了美术一等奖。"才一等奖呀！"杨茜知道评选结果后，有点沮丧。"没关系啦，你知道全国有多少人参加比赛吗？你已经很棒了！""这回知道山外有山了吧？中国那么大，

高人那么多，找到了方向以后更努力就是了。”老师和家长都在鼓励她。阳光孩子的心马上又充满了阳光。她恢复信心，更加努力地练习。2016年6月，“全国少年儿童美术书法摄影作品征集活动”又开始了，杨茜在心里说：北京，我又来啦！她画了一幅《林中鸟鸣》，两只翠鸟在春天的花间起舞，那么自信，那么快乐，仿佛告诉生活，我们不怕任何挫折，因为春光永远都是美丽的。这一回，幸运之神终于青睐勇不后退者，曾杨茜终于荣获美术特等奖，作品《林中鸟鸣》入编了《中国少年儿童美术书法摄影作品》选集。

湖北：同龄人，我为你歌唱

“我要做　希望的种子/我要爱　爱带来力量/我要爱　爱改变世界……”这是“梦想操场”爱心助学项目的主题曲。从二年级开始，曾杨茜就参与了这个活动，并演唱主题曲《梦想操场》，还在活动中获得优秀志愿者荣誉证书。

2014年4月，才9岁的曾杨茜独自跟随志愿者前往湖北徐古镇看望和慰问柳河小学的留守儿童并给柳河小学捐建操场。这是她第一次无家人陪伴独自出行。看到贫困地区留守儿童所居住的残旧住所和简陋的校舍，曾杨茜被深深震撼了。站在山区那简陋的操场上，杨茜为同龄人深情地演唱主题曲《梦想操场》。这一刻，她融入了柳河小学，尽情地和当地的留守儿童们一起开心地玩耍。晚上，她在日记本里写下了自己的感想：“我们要珍惜我们的生活，好好学习，天天向上。同时还要帮助他们，让他们也能过上幸福的生活！”

“不知道　天有多高/不知道　地有多深/我想象到过浩瀚的宇宙/星星月亮做我的朋友……我知道　路有多远/我知道　海有多蓝/我想象奔走在自由的跑道/全世界都为我加油……”阳光女孩，唱着歌，走在她自己栽种的鲜花路上。

威水史

2014年，在香港·世界“金紫金花奖”音乐、舞蹈、器乐艺术大赛中，获得金紫金花奖（最高奖）。

2015年，在第三届全国校园原创音乐征集展演活动中，获得金奖。

2016年，在全国少年儿童美术书法摄影大赛征稿活动中，获得美术特等奖。

2016年，在第二届中国花样少年语言艺术大赛全国总决赛中，获得金奖。

2016年，经中国舞蹈家协会评定，中国舞水平达到九级。

2016年，经中国歌剧舞剧院考级委员会评定，朗诵水平达到八级。

我向习爷爷说句心里话

习爷爷好，欢迎您有空来深圳坐坐，因为深圳的天比北京蓝哦！您要是来了，我给您唱一首我自己作词作曲的歌。

5岁习武，8岁练字，11岁学乐，汤沃华成长为校园里名副其实的“才艺小子”。

汤沃华：中华少年有奇才

江门市第八中学九年级（1）班

在江门市第八中学，有个令人瞩目的“才艺小子”——汤沃华。他5岁习武，8岁练字，11岁学乐。在学习中，他不但汲取了中华文化的精髓，还能灵活地把书法、武术、民族乐器（葫芦丝、巴乌）等技能融会贯通，展现了新一代中华民族优秀文化传承人的风采。

练武：刻苦坚韧一身好功夫

阳光、自信的汤沃华，从小就非常热爱我国源远流长的传统民族文化，他最喜欢与朋友们分享中华文化的精华，探究那些闪耀着民族智慧与民族精神的灿烂文化。

5岁，在上幼儿园的他，从基本功扎马步起，开始了艰苦的练武生涯。虽说扎马步动作很简单，但人要长时间站在木桩上，脚缠沙包，大腿上放一根木棍，保持木棍不滑落才算动作规范。这对于小小年纪的沃华来说，可不是那么容易的一件事。

不知流了多少汗、多少泪，小沃华咬紧牙关，心里默念数字坚持着，才圆满地练成了这个看似威风凛凛的动作。

寒来暑往，小沃华不断克服着肌肉的疼痛、每个动作要领反复练习的枯燥……“冬练三九，夏练三伏”，任凭汗流浃背，从不退缩。正所谓台上三分钟，台下十年功。如今一身好功夫的汤沃华，英姿飒爽地站在台上，无论舞枪弄棍，一招一式，都透着扎实的功底。练武之人，贵在刻苦坚韧，汤沃华也因此养成了砥砺精进、永不自满的优秀品质。

习书：沉着默静的古人风范

纵观中华民族历史上的优秀人物，汤沃华最佩服的就是岳飞。在沃华的眼里，岳飞不仅是民族英雄，也是一个出色的书法家，他书写的《满江红》，字里行间都充分表现出爱国将领精忠报国的豪情壮志和视死如归的浩然正气。

小学三年级，沃华开始学习书法，临摹古代碑帖，心仪古人风范。习书是一项十分精细的活动，要想把字写好，需要全神贯注，凝神静气，仔细观察字的结构，并要脑、眼、手相应，准确控制运笔。

通过六年的书法学习，汤沃华感悟到了书法的表现形式与武术太极中的刚柔、轻重、缓急是有共通之处的，在精神、气性、内蕴及修德方面几乎同一，唯表现方式不同。

正所谓"山谷行书，长撇大捺；武当拳法，凤舞龙蟠；右军小楷，铁画银钩；少林拳法，其劲在骨"。习书潜移默化地改变着沃华的心理素质，使他逐步养成独处时沉着默静的好品格。

玩乐：巴乌吹出的侠骨柔情

成为了中学生，汤沃华不仅练得一身好功夫，写出一手好字，而且也很内秀，特别擅长葫芦丝、巴乌等民族乐器演奏。原来，他在习书练武时，两位导师都让他在听古乐中理解其动作技能的把控与表现。

慢慢地，沃华对我国的传统音乐愈感兴趣，"吹玩"葫芦丝不到两年，就取得了中国民族管弦乐学会颁发的"葫芦丝"考级十级认证。古人云："一里通，百里明。"很快，汤沃华自学了巴乌的演奏技能。每当这个流行于中国西南地区少数民族的乐器在沃华口中吹奏时，侠骨柔情便是同学们对他最真实的评价了。

静如处子，动如脱兔。才华横溢的翩翩少年汤沃华，以阳刚、睿智的崭新形象诠释着中华新一代青少年的风貌。

威水史

2015年，在第三十一届江门市青少年科技创新大赛中，获得科幻绘画一等奖。

2015年，在中国侨都·江门首届武术大赛中，获得传统拳术一等奖。

2015年，在广东省传统武术项目锦标赛中，获得传统南派长器械一等奖。

2015年，在江门市第五届中小学艺术展演活动中，获得书法类一等奖。

2016年，在第十三届中国中小学校园影视评选中，获得“主持人”二等奖。

2016年，经中国民族管弦乐学会评定，葫芦丝水平达到十级。

我向习爷爷说句心里话

习爷爷，您好！当看到芬兰最大的英文媒体《赫尔辛基时报》刊发您为尼尼斯特夫人送生日蛋糕的画面时，我觉得您实在太有魅力啦！

我挥洒汗水，努力进取，永不停歇，就是想成为全面发展的高素质的现代人。

王媛媛：用艺术点亮人生

华南师范大学附属中学汕尾学校高一（1）班

聚光灯下，一个青春美少女在翩翩起舞。她的每一个点头动作，每一次摆动头发，每一个轻盈旋转，举手投足间造就了一个无可挑剔的舞形态，她用足尖上的舞鞋踮起令人仰慕的风采。

舞台之上，她手持话筒，亭亭玉立，大方自然，声音甜美，口齿伶俐，大方得体地秀出中国语言的魅力。

风采大赛上，一口流利的英语，给人留下了深刻的印象。她大方的台风，机智的应答，获得了评委们的一致好评。

这个让你觉得亲切而自然的邻家女孩儿，这个能够让微笑化作一阵暖风的美丽姑娘，犹如一朵娇嫩的花儿，淡雅地微微绽放着。

她就是多才多艺、全面发展，用能力传递快乐的才艺好少年共青团员王媛媛。

成功从来就不是一蹴而就的，没有人能随随便便就获得成绩。我们都羡慕成功者在舞台上最光鲜的那一面，其实更多的汗水与泪水都流在舞台的背后。

舞蹈是一门残酷的艺术，最常见的是伤痕，最常说的是坚持。王媛媛从四岁起，就开始学习舞蹈，历尽艰辛。

为了学好芭蕾舞，她在练旋转时，要忍着脚尖的肉与地面摩擦的剧痛，一次次摔在地上，但她会咬咬牙爬起来，坚持把每一个动作定住，找到感觉，继续再继续。

水泡在足尖上排开，鲜血染红了舞鞋，汗水滑过脸颊，滴到地上……

如今的她已获得中国舞九级证书，擅长芭蕾、民族、民间、古典舞。她对舞蹈也有了自己独特的见解——“我发现了芭蕾演员的上半身是挺立的，像一只高贵的天鹅；而中国舞演员的动作往往是非常细腻的，更像中国的山水画。”她会把自己的情感与故事编入她的舞蹈中，展示出来。

王媛媛还擅长主持，获得过“我是附中人”主持人选拔赛亚军，在校园里的年级文艺会演、校园歌手大赛、艺术节晚会上担纲主持，获得了同学们的一致好评。

在学习上，她的成绩更是光彩耀人：喜欢写作的她，多次在全国少年作文比赛中获奖；她说得一口流利的英语，曾在2014年获得全国CCTV“希望之星”英语风采大赛汕尾市第一名的好成绩，现在还是校英语社社长。

近期，她带领着社员与澳大利亚塔斯马尼亚大学生进行文化交流，她说：“我们希望能够传播中国传统文化，希望世界能听到中国的声音。”

她给英语社的定位就是走出华附，代表华附；走出汕尾，代表汕尾；走出中国，代表中国。

这个才艺好少年王媛媛，正用艺术点亮人生，用知识谱写未来。

威水史

2014年，在中央电视台“希望之星”英语风采大赛广东省决赛中，获得铜奖。

2014年，在第十三届“叶圣陶杯”全国中学生新作文大赛中，获得二等奖。

2015年，经北京舞蹈学院考级委员会评定，获中国舞九级证书。

2015年，在首届广东省青少年书画摄影作文大赛中，获得二等奖。

2016年，在第四届“荷花少年”全国舞蹈展演中，获得“星光少年”称号。

2016年，在第七届形象设计大赛暨主持人选拔赛中，获得亚军。

我向习爷爷说句心里话

习爷爷，我总是能在新闻上看到您到各个国家访问的身影，您每天的行程都那么匆忙，有那么多的国家大事要处理，您一定要保重好身体，我们都需要您！

学习舞蹈是一个由外到内的过程，变美的不仅是舞姿，还有一个人的内心世界。杨谚蓉希望通过舞蹈，丰富自己，传播快乐，服务社会。

杨谚蓉：传递快乐的小舞者

华南师范大学附属小学六年级（4）班

“前桥”

杨谚蓉从小就被舞台上舞者的美所吸引，希望自己也能像她们一样，穿上漂亮的舞服走上舞台。但是，当她开始学习舞蹈后才发现，跳舞并不只有舞台上的美丽，还有更多舞台下不为人知的汗水。

令杨谚蓉最难忘的是练习舞蹈基本功动作——“前桥”，一个用手支撑身体前翻的技巧。这个动作对于还未满7岁，爆发力和腰部力量都很弱的杨谚蓉而言，无疑像攀爬一座陡峭高山那么艰难。

为了练好这项基本功，小谚蓉每天都坚持练习下腰和踢腿。下腰是为了锻炼腰部力量，踢腿则可以增强她的爆发力。

“哎呀哟……”

有一次，杨谚蓉在练习时一不小心拉伤了侧腰肌，导致一弯腰就会感到针戳般疼痛，无法正常练习。

“要么继续练，要么回家休息！”老师冷冰冰地对正疼得眼泪汪汪的小谚蓉说。

回家休息？不行！如果不练习的话，前面的努力都会前功尽弃。小谚蓉咬咬牙，并没有因为伤痛而放松练习，反而抓得更紧了。

“叭哒！”在接下来的练习中，因为腰部疼痛，一不小心没站稳而摔倒也就成了家常便饭。看着腿上的瘀青，杨谚蓉仿佛明白了老师的用意。她带着满身的伤痛，擦干泪水和汗水继续练。

小谚蓉能熟练做“前桥”啦！她也明白了成功并不是坐着就可以等来的，你需要比别人付出十倍、百倍的努力，才可能更加优秀。

爱笑的女孩

“注意看镜子，笑！”

这是舞蹈课上的表情练习。刚开始时，老师要求杨谚蓉在跳舞的同时，别忘了把笑容挂在脸上。久而久之，杨谚蓉变成一个爱笑的女孩。现在每当她跳起舞，笑容不再是僵硬的表情，而是发自内心的自信与快乐。

舞蹈训练占用了杨谚蓉很多时间和精力，尤其会与其他功课的学习发生冲突。于是，杨谚蓉把每天要做的事情做好计划，尝试将每天的琐碎时间都有效地利用起来。

一次，杨谚蓉一门心思地想着怎样把前后两个舞蹈动作衔接得更为流畅，竟然忘记了时间。妈妈加班回来才打断了她的练习。那时已是深夜，而老师布置的背诵古诗词的作业还没完成呢！

又累又困的杨谚蓉慌忙拿起书本开始背诵，可是怎么也记不住。

于是，杨谚蓉改变死记硬背的方式。她通过查找资料了解古诗背后的故事，在理解的基础上发挥想象力，把它们构思成一个又一个的画面。背诵的时候那些画面就会像播放电影一样在脑海里闪过。

这个方法让杨谚蓉很快地记住了要背的古诗词，而且还理解了诗中的内容，学习效率大大提高。

杨谚蓉由此懂得了心态管理和时间管理的重要性。跳舞和学习文化课一样，需要“手脑并用”，不仅技能、技巧上要做到熟练、精湛，还要学会思考，更好地理解舞蹈中的韵律和情感，才能将它更好地表现出来。

舞蹈就像一位好老师，伴随杨谚蓉成长，促使她养成了乐观开朗、自信笃定、敢于迎难而上的优秀品格。

《轻青》

《轻青》是杨谚蓉所学过最难的舞蹈之一。2016年6月，华南师范大学附属小学学生杨谚蓉准备以《轻青》参加“亚洲青少年艺术盛典”的舞蹈比赛。

《轻青》这个舞蹈包含了大跳、平转、前桥等几乎所有舞蹈技巧。这一系列超高难度的动作，让许多人想尝试却又望而却步。

为了练好这个舞蹈，杨谚蓉每天都花费大量时间练习几个同样的动作，其中的枯燥与乏味自不必说，更是对她耐力和毅力的挑战。

如“平转”的练习，要求脸与肩平行，双腿紧绷，脚尖踮起呈小八字打开。在平转的过程中，身体转动的时候头与身体同步，脚形也不能发生变化。

杨谚蓉遇到的最大问题是两只脚会经常“打架”，很容易摔倒。因此，她必须每天通过小跳等基本练习，加强脚的力量。平转的圈数从半圈开始，一圈一圈地增加。整个练习过程以10圈为目标，每新增一圈都需要至少一个多星期的时间进行巩固练习，循序渐进。

这是一个相当漫长的过程，为了鼓励自己，杨谚蓉为自己制定了一个个小训练目标，每当目标达到就给自己一个小小的奖励。

为了更好地表现这个舞蹈中舒而不缓、紧而不乱的节奏，杨谚蓉每一个动作的“呼吸”都需要反复练习。一个看似几分钟的舞蹈，连续跳三遍已经让人气喘吁吁。可是，杨谚蓉的眼里没有“凑合”二字。每一个不到位的动作都要练到精致完美。

为了清楚地认识自己存在的不足，杨谚蓉还让妈妈将她的练习一遍又一遍地录了下来，回家后反复回看，再与教学视频进行对比，分析自己在节奏和身韵方面的不足，提高训练的针对性。

杨谚蓉的汗水没有白流，最后，杨谚蓉以《轻青》夺得了“亚洲青少年艺术盛典”舞蹈比赛的金奖。

威水史

2013年，在第九届世界华人青少年艺术节广东赛区中，获得钢琴铜奖。

2016年，在“美丽校园”亚洲青少年艺术盛典广东省总评选中，获得金奖。

2016年，在全国青少年艺术展演活动第十一届香港国际青少年文化艺术节中，获得金奖。

2016年，经中国舞蹈家协会评定，获中国舞八级证书。

2016年，在第十四届小学“希望杯”全国数学邀请赛中，获得金奖。

2016年，在第十届ABC全国青少年英语口语大赛广东省决赛中，获得金奖。

我向习爷爷说句心里话

亲爱的习爷爷，您带领着我们走向了富裕、安康和幸福；您带给了我们更清新的空气，更绿的山，更蓝的天。我们的生活一天比一天快乐。谢谢您！

用演讲讲述自己的美丽故事，用舞蹈跳出新疆的独特魅力。

帕孜莱提：新疆姑娘的美丽才情

江门市培英高级中学高二（3）班

江门市培英高级中学高二（3）班的帕孜莱提·沙尔江，是一名来自天山脚下的新疆维吾尔族姑娘。

热情开朗的她爱玩、爱笑、爱闹，更是一个爱帮助人的女生，无论学校有什么公益活动，她总是热情满满地第一个报名参加。她像所有维吾尔族姑娘一样能歌善舞，但她更喜欢的还是演讲，她总感觉演讲让她找到了不一样的自己。

演讲：大声讲出自己的故事

2014年9月，帕孜莱提怀着期待和忐忑的心情，坐上了从新疆开往广东的专列，离开生活了16年的家乡，来到江门这个美丽的城市上学。也许是学校的新疆班给了她太多新奇的感受，她总想将自己的故事与大家分享，于是，她寄情于演讲，积极地参加各种演讲活动，大声讲出自己的故事。

演讲，最重要的基本功是一口流利的普通话，维语口音较重的帕孜莱提每天早上5点起床练习普通话，抓住一切的空隙时间练口语，最终以普通话水平测试98分的高分，顺利通过了这一关。

演讲技巧训练也不是件简单的事，帕孜莱提主动向语文老师请教相关的日常训练技巧，并订下计划：自己找来一面小镜子，对着它练习一些基本的演讲动作，有时还照着演讲稿大声、快速地读出来……同学们都感觉她像着了魔一样。

在这过程中，她积极参加学校的演讲比赛，从三等奖到一等奖，不断在进步。2016年10月，她参加了广东省“南粤长城杯”电视网络演讲比赛江门赛区的决赛和广东省半决赛。在整个过程中，从写稿、修改、定稿再到背稿，她都经历了前所未有的困难。

许多人演讲都喜欢用别人的事例做材料，而帕孜莱提却喜欢分享自己的故事。在这次比赛中，她讲述了自己的“长征梦”“长征路”以及家乡新疆发展的“长征之路”，一字一句都充满了对自己和家乡未来的美好憧憬。

参赛：大胆秀出美丽的自己

经过无数次的练习、调整，帕孜莱提在市赛获得了一等奖，成功晋级了省半决赛。可当看到省赛的流程时，她顿时傻了眼，省半决赛中要进行3分钟的即兴演讲，这对于她来说，又是一个全新的挑战。

好在指导老师及时伸出了援助之手，给急得像热锅上的蚂蚁的帕孜莱提出了个好建议，即每天在课间的时候即兴出题，让她在短短的5分钟内准备出一篇较为完整的演讲稿，并即兴演讲。

就这样，对于即兴演讲完全空白的她，在老师的训练下，水平突飞猛进，在广东省半决赛中成功地完成了一次突破性的演讲，再次大胆秀出了自己。

2017年2月，帕孜莱提被推荐参与全国“民族团结一家亲”主题演讲比赛。接到任务后，她既兴奋又紧张，立即着手准备。在总决赛的舞台上，帕孜莱提一身红色的维吾尔族盛装，娓娓讲述了自己作为一名学生邮局工作人员，怎样利用学生邮局这个平台促进自己身边各民族同学融合交流的故事。真挚的感情、朴实的话语及一个个动人心弦的小故事，让这个美丽的维族姑娘在比赛中大放光芒，勇夺佳绩。

舞蹈：跳出新疆的魅力

除了演讲，帕孜莱提还有一个“看家本领”，就是跳舞。

作为学校舞蹈社的副社长，她不仅带领着她的团队积极排演，获得了一个又一个的奖项，还常常带领大家参与志愿服务活动。

2016年，她偶然听到了学校将组织新疆学生去江门边检站参观的事情，突然间有了想法，为什么不组织一场义演慰问边防战士呢？

她悄悄将自己的想法告诉了新疆部主任，没想到立即得到首肯，并受委托做组织准备。帕孜莱提兴奋极了，几天工夫就搭起了演出班子，经过精心的排练，一个有意义的义演活动在边检站拉开了序幕……

当一群维吾尔族少年，穿着节日的盛装，跳出欢快的“萨马舞”时，全场沸腾了……帕孜莱提无疑是其中笑得最欢的一个。

帕孜莱提非常热爱这三年的新疆班生活，她动情地说：“如果说演讲在我高中生活中给我带来了荣誉和回忆，那么舞蹈就给我带来了一颗热爱义演的心。”

威水史

2016年，在广东省“南粤长城杯”电视网络演讲比赛中，获得二等奖。

我向习爷爷说句心里话

习爷爷，在高中三年的学习生活里我感到很温暖很幸福，学习进步了，身体也长高了哦，点赞吧。

她从雪域高原走来，她用最甜的歌声、最美的舞姿，给人们带来吉祥。

旦增美朵：有个藏族姑娘叫美朵

佛山市实验中学（高中部）高二（7）班

来自雪域高原的旦增美朵，像雪莲花一样纯洁美丽。

刚到佛山市实验中学上学时，对于这个羞涩的藏族姑娘来说，一切都是陌生的。看着汉族同学们在学校激情奔放、活力四射的样子，美朵多想融入其中啊。

一舞成名

没想到，很快，机会就来了。

学校一年一度的体艺节拉开序幕，老师要求西藏班的同学们也排一个节目，这自然少不了能歌善舞的旦增美朵。几个藏族同学凑在一起商量："这回可得好好在学校露一次脸啊。"机灵的美朵马上提出："跳藏舞《快乐的骑手》吧，这个阳光欢快的舞蹈最能展现我们藏族少年的风采。"

时间虽然很紧，但美朵与她的小伙伴们都很投入，仅仅用一周时间，就将节目排练完成。正式亮相的那一刻到了：一帮藏族少年穿着民族特色的骑手服装，英姿勃勃地站在舞台上，音乐声起，马蹄声声，藏族小骑士们踏着欢快的节奏，似乎在广阔的草原上快马驰骋……全场几乎所有的老师和同学们都站起来，合着节拍拍起手来……

几乎是一夜之间，领舞的旦增美朵，成了全校的知名人物。从此，只要她出现在校园里，身边相熟不相熟的同学都会亲切地同她打招呼，叫一声“美朵”。

汉藏同学一家亲

西藏学生的学习基础不太好，班里就组织了学习互助小组，美朵最感谢她的组长黄幸燕同学的帮助，无论她在学习上遇到什么难题，黄同学总是第一时间帮她解决。

“怎样感谢组长同学的帮助呢？”美朵突然想到自己的才艺特长，于是在课间拉起黄幸燕学跳藏舞。渐渐地，原本文静内向的黄同学也能有模有样地跳起欢快的藏舞了，美朵别提有多高兴了。

由于才艺出众，美朵常会被选为主持人，与汉族同学搭档主持学校的各类大型活动。因为平时大多数时候美朵还是喜欢说藏语，因此念主持稿时，语速一般都会比较快。汉族小伙伴就耐心与她沟通语速问题，有时甚至一字一句地教她慢慢说。这时，美朵深深感受到藏汉同学就是一家人，友善互助、团结和睦的一家人。

用舞蹈温暖人心

美朵还是一个乐于助人、热心肠的姑娘。有一次，她和汉族小伙伴一起准备去敬老院慰问老人。为了能给老人们解闷，她就提出排练几个小节目。

汉族同学听了很兴奋，嚷着说他们想学藏舞，美朵爽快地答应了。没想到，很多汉族同学都是第一次接触藏舞，无论美朵怎么教，都会经常出现同手同脚、动作不规范的情况。

眼看慰问的时间就要到了，美朵看着一帮汉族同学将藏舞跳得别别扭扭，心里急成一团乱麻。

幸好一个汉族男生急中生智，建议美朵请西藏男生来教他们，而美朵只负责教汉族女生。于是，每天晚自修后，体育馆门前的广场上，十几个男女同学分成两组，在美朵和另一个藏族男生的带领下，一板一眼地认真习舞。

终于，在大家的共同努力下，敬老院的慰问演出取得了圆满成功，在汉藏学生翩翩起舞的带动下，老人们也禁不住拉起孩子们的手，一起欢快地摇摆起来。

可爱的旦增美朵，越来越融入佛山市实验中学这个大家庭。她自豪地说：“我要以最美的的舞姿展现我们国家民族团结的力量，我要唱响我们56个民族和睦共处的最高昂的歌声！让我们一起为民族团结画上一道美丽的彩虹！”

威水史

2013年，被评为校园“十佳模特”。

2016年，在“民族团结活动宣传月”文艺表演中，表现优异。

我向习爷爷说句心里话

习爷爷，谢谢您对我们藏族学生的关心和照顾，我会在以后的日子里更加努力，成为建设西藏的栋梁。

学习为了祖国，才艺报效社会，助人献出爱心。这是多才多艺的刘怡君的座右铭，她用心灵歌唱，诠释了美德的真谛。

刘怡君：用心灵歌唱的女孩

深圳市蛇口育才教育集团育才三中初二（12）班

夜半歌声

“山风牵衣袖，山泉润歌喉，摘片竹叶吹溜溜，我是山里小歌手……”

已是深夜，是谁还在录音棚唱歌？

原来是号称“小棚虫”的刘怡君。

刘怡君从小对音乐特别敏感，儿歌听了一遍就能八九不离十地哼出来。刘怡君的父母虽然不愿意让女儿今后走上专业歌手的道路，但他们还是极尽全力，带刘怡君到处拜访名师。

在名师指导下，刘怡君有了长足的进步。音乐，已经不仅仅是她的最爱，还是她的梦想，因为音乐给了她拼搏向上的力量。她每学一首新歌，都会反复练习，事事要求严格，一定做到最好。

刘怡君每次参加校园歌手大赛，都会积极准备。不记得歌词，她就把歌词抄下来；还是不记得，就再多抄几遍。这样反复练习后，她终于把歌词给背下来了。她知道，所有的美好都是在辛苦和努力之后才会绽放。

在2012至2014年连续三年获得“校园音乐家”称号后，刘怡君开始在录音棚录制自己的第一张音乐专辑。

“不行，这句还是不好！”

“再来一次！”

白天录制时的一次又一次的重来，让刘怡君的嗓子无法承受。但因为晚上嗓子放开了能够唱得比白天更好，也因为一周只有一次这样的机会让她来到广州的录音棚里录歌，更因为能让自己的专辑——《怡乐之梦》更加完美，刘怡君格外珍惜每一次录制。所以每次都会在录音棚唱到深夜一两点才回到深圳，四五点钟才开始睡觉，第二天起床，嗓子却已经哑得说不出话了。

有人问刘怡君为何如此执着？

刘怡君回答说：“因为热爱。”

这应该是最好的解释了。

小小词作家

“怡君，吃饭啦！”

这句话妈妈已经叫了很多遍，从下午5点一直叫到8点，饭菜凉了又热，热了又凉。

刘怡君在干吗呢？忙得连饭都吃不上？

原来，多才多艺的刘怡君在创作歌词。

2017年，已经是深圳市育才三中初二学生的刘怡君准备出版自己的第二张专辑——《怡君之音》。这次，刘怡君提出：“每次我都唱别人的歌，或者是唱大人为我创作的歌，这次我可不可以唱自己创作的歌呢？”

老师们都为刘怡君的创新精神所打动，同意让她创作一首自己的歌词。于是，刘怡君就把这首歌命名为《小人书》，因为，她打小就喜欢看小人书，看漫画，这首歌记录了她童年美好的记忆。

可是，写歌词对于小小年纪的刘怡君可不是一件容易的事。创作这首歌词光酝酿感情，就花了将近3个月。从第一次提笔到最后完成一共花了8个月时间，稿件修改了100多遍。

这天下午，刘怡君刚刚有了灵感，正在修改歌词，就听到妈妈在叫吃饭了。

“我在忙呢！”

刘怡君继续埋头创作。妈妈把饭菜热了一遍又一遍，还没见刘怡君出来吃饭，最后妈妈很无奈地拿了一包饼干和一瓶牛奶放在女儿旁边。

…………

啦啦啦，啦啦啦

我有一本小人书，它一直伴着我
刮风下雨都不怕，寂寞和我说说话
我有一本小人书，是绝版的礼物
你爱我像我爱它，我就陪你去玩耍
…………

当刘怡君完成歌词的最后修改，拿起筷子吃饭的时候，已经是凌晨12点，她看到妈妈在旁边掉下了眼泪……

才艺报社会

刘怡君的梦想，是让自己的人生因为唱歌而充实，让自己的歌声给更多人传递温暖和快乐。

2015年4月，为了帮助一位患脑瘤的小朋友渡过这个难关，刘怡君去慈善基金会寻求帮助。在慈善会的支持下，刘怡君专门为这个小朋友举办了一次音乐专辑爱心签售活动。

在长达4小时的签售活动中，刘怡君累得腰酸背疼，但她想到小朋友那双满是感激又饱含着泪水的双眼，就浑身充满了力量。最后，刘怡君把签售所得款项全部捐赠给深圳市慈善基金会，再由基金会转赠给那位小朋友。

经过这件事情，刘怡君意识到帮助别人是一件多么快乐的事情。于是，她加入深圳市大地玫瑰义工艺术团从事公益演出，因为她觉得这样可以让自己帮助更多有需要的人。

为了参加一次慈善签唱会，刘怡君提前一个多月准备编排曲目、练歌、练舞和体能训练。可万万没想到，排练的时候，不小心把脚崴了。医生建议她休息几天，爸爸和妈妈也不同意她再去排练了。

但是，刘怡君瞅准爸妈没留意，自己偷偷跑去排练场了。爸爸和妈妈发现后，立刻跑到排练场找到她，心疼地问：“为什么不听话？”

刘怡君说：“我只是脚崴了，虽然不能跳，但我还能唱。如果我不来，整个伴舞团队都要停下来，就会影响签唱会的排练进度。我希望通过精彩完美的演唱，为社会贡献一份力量。”

爸爸妈妈不出声了，他们默默退到场边，等排练完才陪刘怡君一起回家休息。

在刘怡君和大家的努力下，这次演出大获成功。刘怡君同样把演出所得款项也捐赠给了深圳市志愿者基金会。

威水史

2014年，在中国童话节“童话之声”少儿歌曲演唱大赛中，获得（合唱）金奖。

2014年，在中国童话节“童话之声”少儿歌曲演唱大赛中，获得（独唱）银奖。

2014年，在中国·深圳首届少儿歌手大赛中，获得铜奖。

2014年，在深圳市第九届学校艺术展演季活动中，获得一等奖。

2015年，在学校第十二届艺术节“三中好歌手”比赛中，获得校园“十大歌手”称号。

我向习爷爷说句心里话

习爷爷，现在青少年网瘾问题是大家比较关注的，我认为科技应该给人们带来进步而不是退步，您觉得呢？

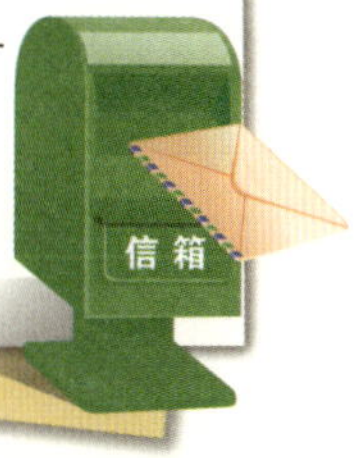

高超的艺术能给人美的享受，能震撼人的心灵，但是，要想获得精湛的艺术能力，不仅需要有浓厚的兴趣，更重要的是要具有坚强的毅力和不懈的追求。

肖纬纶：热爱带来的执着追求

梅州市学艺中学211班

有人说：音乐、美术这类艺术细胞是天生的，老天只赐给少数人，多数人只是具备一点点而已。

肖纬纶肯定是老天特别选中的孩子，他带着满身的艺术细胞降生到这个世界上来。他特别喜欢音乐和艺术，而且非常有表演欲望。

刚学会说话，他就常常拿着话筒，跟着音乐，像个大明星一样，全身舞动，放声歌唱。

4岁的时候，妈妈看他对音乐那么着迷，便带着他去拜访了一些琴行的专家和老师。业内一位较权威的老师发现他节奏感很强，四肢的协调性、姿势都明显优于同龄人，觉得这个孩子是一个打鼓的好苗子，就建议他学爵士鼓。

一上手，他就入了迷。

4岁的他，本来是个很好动而淘气的孩子，可是，只要他站在爵士鼓前，举起手里的鼓槌，就能马上进入全神贯注的状态，一敲就是一个多小时，乐此不疲！

他就像是在玩游戏一样，开心快乐地学着，不知不觉中逐渐完成教学内容，掌握了演奏技巧。很快，他就考取了爵士鼓的最高级别——十级。

老天还送给肖纬纶另一件大礼物——能发出美妙声音的好嗓子。为了不埋没这个天分，妈妈在他学习爵士鼓的同时，还为他请了声乐老师。

我们平时看到唱歌演员，随随便便往舞台上一站，张口高唱，然后就能赢得一片掌声，总觉得，他们就是有一副天生的好嗓子，完全不需要训练。

其实，学习歌唱（学声乐）里包含很多内容，是一个枯燥而艰辛的过程。

比如说，他们为了提高演唱技术，必须花很多时间学习和练习没有太多音乐美感的练习曲。

很多有些天赋的孩子，就是因为这些枯燥的练习丧失兴趣，从而放弃学习音乐。

肖纬纶却不以为苦。为了检验学艺成果和提升自信，他还经常奔波辗转于各地参加比赛和表演。

一个寒冬的夜晚，他到山区去表演，那里的山路起码有一百多道弯，一路颠簸让他非常难受。到演出地点时，天却下起了雨。台下，乡亲父老并没有离开，他们还是兴致勃勃地观看着演出。肖纬纶顶着大雨站上舞台，他的歌声赢来乡亲父老热烈的掌声，而这掌声消融了他一切的奔波和劳累。

后来，因机缘巧合，他又去学习了拉丁舞和汉剧。

学习汉剧的起因很有趣，因为他常常在洗澡的时候模仿海豚音唱歌，她的妈妈想，也许可以让他试试去唱小生，吊吊嗓子。

上了第一堂课回来，他很开心，因为学得很尽兴。但是戏曲表演与一般的表演不同，妆容非常复杂。每次戴头套和化妆都要两个小时左右，头套很紧也很重，每次登台他都要忍受“头痛欲裂”的不适感。

有一次表演完了，他把头套一摘，重重 扔，说：“我再也不唱了”。妈妈也觉得孩子负荷太重，决定先停一停。

过不了多久，学校举行文艺活动，让他选择一项来表演，他竟然还是选择了汉剧。

他知道，在追求艺术的道路上，只有喜欢是远远不够的。就像是去登一座高山，山就在面前，心里也有攀登的愿望，甚至，也已经起步，走到了半山遇到沟坎和大石，是回头，还是去峰顶？肖纬纶的选择是：跨过沟坎，攀越大石，最后抵达艺术的顶峰。

在一次又一次的学习和表演中，肖纬纶付出了艰辛努力，也积累了丰富的演出经验。如今的他，面对观众、面对镜头充满自信，举手投足之间已经有了明星风范，也斩获了无数大赛的金奖、银奖。

他说：“尽管获奖无数，但我并不会因此骄傲自满，而是要作为继续进步的动力，时刻鞭策自己，不忘初心，执着追求，使自己成为才艺的佼佼者！”

威水史

2015年，在中国·广州国际打击乐器艺术节中，获得爵士鼓一等奖。

2015年，在第十二届“德艺双馨”中国文艺展示活动广东省总评选中，获得声乐银奖。

2016年，在广东省第七届少儿戏曲小梅花荟萃活动中，获得“银花”称号。

2016年，在第七届奥林匹克全国音乐舞蹈大赛（南粤赛区）中，获得一等奖。

2016年，在首届“横店儿童奥斯卡——小小形象代言人”选拔赛中，获得最佳人气奖。

2016年，在梅州市中小学生英语口语大赛中，获得一等奖。

我向习爷爷说句心里话

习爷爷，您听过有“南国牡丹”之称的广东汉剧吗？欢迎您到世界客都——梅州来，我唱首汉剧给您听！

一分耕耘，一分收获，她为古老的潮筝“锦上添花”。

陈恩童：焕发潮筝光彩的女孩

潮州市湘桥区城南实验中学初三（1）班

踏上漫长的学筝之路

一个清风徐徐的夏夜，6岁的陈恩童跟随奶奶到老祠堂前看潮剧。

那是由街道里的爷爷奶奶组成的民间潮乐社，几位不专业的老人在自娱自乐。在后台伴奏的几人中，陈恩童对一位弹古筝的老人十分感兴趣。老人弹的是潮筝名曲《寒鸦戏水》，沧桑的手指在绿白相间的琴弦上轻拂，不急不缓，流畅得像二月吹拂柳梢的微风。乐曲开头时低回婉转，只让人觉得沉闷悲哀。而后逐渐变得明快，像寒鸦终于不再徘徊，在水中尽情嬉闹，悠闲自得……

“潮州筝真好听啊！”年幼的陈恩童心动了。回到家，她就向大人闹着要学。父母觉得这不错，表示支持，并给陈恩童买了筝。就这样，陈恩童踏上了漫长的学筝之路。

“我们潮州筝是很有历史的……”喜爱潮州音乐的家人常常跟陈恩童这样说。通过学习，她也渐渐了解潮州筝在古筝流派中具有举足轻重的地位，闻名遐迩的曲目也很多。

“我要努力练习，要做新一代的潮州筝传人。”陈恩童激励自己说。

做事不能半途而废

陈恩童拜潮州筝学会副秘书长丁燕娜为师。老师先是教陈恩童认弦，随后教基本指法：勾、托、抹、劈……陈恩童兴趣盎然，脑海中总是充满日后成为古筝大师拨出扣人心弦的乐曲的美妙画面，这些鲜花与掌声的遐想，促使她从不厌烦于简单枯燥的练习，日日在家里一遍又一遍地拨动筝弦。

后来，老师因材施教，要求陈恩童从练习基本指法过渡到练习完整的曲目，从儿歌《卖报歌》《小猫钓鱼》到通俗曲目《倒骑驴》《渔舟唱晚》。曲目渐多，难度渐增。练习虽然单调枯燥，却使她产生了更大的成就感。有时突破难点，圆满完成一曲时，她会高兴得手舞足蹈。

进入较为专业的曲调练习后，陈恩童由于乐感不好，对乐曲的强弱和节奏总是处理得不太理想，常常苦练许久也不能达到老师以及自己的要求。她不禁心生厌烦，厌烦重复的练习，厌烦于自己断续的琴声。终于，在一次被老师要求重练时，陈恩童气馁地对母亲说："妈，我……我不想学了！"母亲看在眼里，急在心里，拉着陈恩童坐下，与她交流了很多、很久。诸如学一项才艺有多重要，要珍惜学习机会之类。最深刻的一句是：做事不能半途而废，既然选择就要坚持到底。

"就这样放弃的话，前功尽弃，未免太懦弱了。"陈恩童想。

陈恩童去找名家弹的乐曲录音，仔细倾听分辨乐曲的强弱和节奏；将老师的建议标注在乐谱上，方便练习时抬头能看见；录下自己弹的曲子，边听边找出不足。终于，一次一次的努力，促成了一点一点的进步。当指尖流淌着婉转的曲调时，陈恩童发现原来古筝没什么好害怕的。陈恩童古筝考核的级数越考越高，越高越考。如今，她已经通过了古筝十级的考核。2015年，陈恩童加入了潮州筝学会，琴艺出色的她经常参加各种演出活动。

有梦就别怕痛

2016年的暑假，陈恩童参加了2016汕头青少年器乐大赛和广东省古筝学会举办的第三届国际青少年古筝比赛广东省“金韵杯”选拔赛。

这两项比赛在差不多的时间里举行，为了准备独奏的曲目，陈恩童一方面去老师家学习，另一方面还要参加重奏的排练。潮州筝学会的副会长辜玉斌老师非常重视，还亲自来指导陈恩童的排练。

比赛如期而至，上台前，陈恩童虽然有点紧张，但老师鼓励她要勇敢地尝试，不要害怕失败。她不断地调整心态，平复情绪。比赛时，有不少选手因为紧张而失误，有的选手还无法在规定的五分钟内完成演奏。一轮心理斗争后，属于陈恩童的比赛时间开始了，她向各位评委鞠了个躬，开始演奏曲目《幻想曲》。

《幻想曲》是十级的曲目，难度有些大，但胜在虚幻空灵，意境深远。“久经沙场”的陈恩童之前有过多次表演经验，这使她在面对人群时并没有因怯场而失误。再者，由于事先认真了解规则，老师早已帮她把原本八分多钟长的曲子删减到了比赛时限内，所以也没有出现弹不完的尴尬情况。最终，凭借着乐曲感情和表现力的丰富，以及娴熟的指法，陈恩童博得了评委的青睐。最终她获得了汕头文化广电新闻出版局举办的青少年器乐大赛铜奖、第三届国际青少年古筝比赛广东省“金韵杯”选拔赛少年组铜奖及重奏组金奖等奖项。

因为这一切，陈恩童获得了代表潮州筝学会到星海音乐厅参加颁奖典礼，表演传统潮乐曲目《锦上添花》的机会。

陈恩童是潮州市湘桥区城南实验中学新笛广播站的广播员，当她听到广播在播放一首热门曲“淋雨一直走，是一颗宝石就该闪烁，人都应该有梦”时她不禁轻轻哼出下一句：“噢，有梦就别怕痛！”

是啊，有梦就别怕痛。渴望焕发潮筝光彩的陈恩童要用自己的努力，为古老的潮筝“锦上添花”。

威水史

2016年，在第三届国际青少年古筝比赛暨广东省“金韵杯”选拔赛中，获得金奖。

2016年，在汕头市青少年器乐大赛中，获得民族乐器铜奖。

2016年，经中国民族管弦乐学会评定，古筝水平达到十级。

2015—2016学年度第一学期，被学校评为“优秀班干部”。

我向习爷爷说句心里话

习爷爷，您好！近日看到国产航母下水，我内心激动得不得了，感谢您让我们看到一个强大的中国！

她天生一副大嗓门，她要用歌声与大家分享快乐。

刘狄桦：敲响音乐金钟的“老将”

肇庆市第十六小学六年级（1）班

天生一副大嗓门

广东省肇庆市第十六小学六年级（1）班的刘狄桦是个活泼可爱的女孩。她有着一头披肩秀发，弯弯的双眉下是一双水汪汪的大眼睛，可她最吸引人的，却是那张樱桃小嘴，因为她爱唱歌，歌声悦耳。

刘狄桦天生一副大嗓门，小时候，一听到电视或收音机播放儿歌，她就在一旁“咪—咪—咪，嘛—嘛—嘛”地学唱，并且很快就能有模有样地唱出来。

“你真喜欢唱歌？”妈妈问。

“嗯！”刘狄桦天真地回答。

“你真有妈妈小时候的影子。”刘狄桦的妈妈很开心。她年轻时也非常喜欢唱歌，还获得过唱歌比赛一等奖。

妈妈买回很多儿童歌曲的CD，让刘狄桦跟着学唱歌。

妈妈不厌其烦地教刘狄桦学碟片里的发音、把口腔打开，教她感受自己的声音位置，教她模仿歌手的表情表演：“你要大胆地放声歌唱，不要怕。”

刘狄桦第一次上台表演的歌曲是《我在马路边捡到一分钱》，那是她在肇庆迪星幼儿园时学的第一首歌。

刘狄桦在肇庆第十六小学上三年级时，妈妈帮她在肇庆迪声艺术培训学校报了名，专门请了一位音乐老师教她唱歌。

起初，刘狄桦很认真地跟老师学唱歌，老师每天让她在家练发声，对着镜子练习，从咪咪咪、嘛嘛嘛开始，周六和周日上课的时候还是继续练习发音，十分枯燥。不到一个月，刘狄桦就不愿意去上课了，“别的同学都在家里玩，我为什么还要练习唱歌？”她渐渐对唱歌产生了厌恶感。

妈妈看在眼里，狠狠地批评了她一顿：“如果你不喜欢唱歌的话，我也不会强迫你去学，但以后再想学就不会再给你机会了！”

妈妈的话让刘狄桦变得清醒了：“我喜欢歌唱，越唱越开心，不仅自己快乐，还可以带给身边所有人欢乐。怎么能遇到一点困难就退却呢？”她记起自己学习唱歌的初心，决定继续学唱歌，不辜负妈妈和老师对自己的期望。

终于，刘狄桦克服了枯燥的练习，掌握了正确的发声方法，在老师的悉心指导下学会了唱歌的基本要领。

不要怕，不要怕

2014年3月，第四届中国少儿小金钟音乐大赛在肇庆市设立分赛区，刘狄桦报名参赛。

5月1日，在小金钟海选赛中刘狄桦演唱《外婆的澎湖湾》顺利晋级。

8月3日，初赛刘狄桦以《童一首歌》进入复赛。

这是刘狄桦第一次参加如此大型的比赛，从报名到海选赛、初赛、复赛、总决赛，历时半年，她过五关斩六将闯过来了。

“对手越来越强，我们也要改变对策。”老师为了让刘狄桦能够更上一层楼，决定让她唱一首难度较大的彝族民歌《不要怕》。由于是少数民族的歌曲，以前从未接触过，想唱好这首歌对刘狄桦是一个很大的挑战。

刘狄桦按照老师制定的专门练习方法，一句一句地过。

由于练习过多，刘狄桦的咽喉发声受损，老师要求她必须休息两天，养好声再继续进行练习。

时间紧，如果错过了练习，就可惜了。“我要像参赛歌的名字那样——不要怕！”刘狄桦偷偷地练习，但她不发声，只是一遍又一遍仔细地记住CD里的歌词和唱法。

妈妈心疼刘狄桦，专门给她买了养声丸。

8月21日，刘狄桦凭着《不要怕》以第二名的成绩杀入总决赛。在接下来的比赛里，刘狄桦越战越勇，老师也夸她进步很大。

10月4日，刘狄桦继续以《不要怕》取得了第四届中国少儿小金钟音乐大赛肇庆赛区声乐儿童组金奖，顺利进入了全国总决赛。

“老将”出马

12月20日，小金钟全国总决赛如期举行，刘狄桦一家人都去支持她的比赛。

比赛那天早上还出了太阳，可到下午转了阴天，还下起了毛毛雨，刘狄桦的出场抽签是比较靠后的第91名，要从早上一直等到傍晚6点多才轮到她上台。

虽然天色已暗，灯光已开启，但这并未影响到刘狄桦。“在总决赛前，我突然感冒发烧、喉咙发炎，老师和家人们都很焦急，怕影响我的发挥，妈妈为此还几日几夜陪伴着我，悉心地照顾我。”这让刘狄桦深为感动，她暗下决心一定要取得更好的成绩回报妈妈。

终于轮到刘狄桦了，穿着橙色连衣裙的她自信地走到舞台中央，向评委们深深鞠个躬。她立定，左手轻扶着长长的黑发，持麦克风的右手绕在身后，摆出了一个可爱的造型。随着音乐徐徐响起，她唱了起来：

mu hly pur la.（风起了）

ma hxa jjip la.（雨下了）

mge qi ci la.（荞叶落了）

syr qy syr la vex.（树叶黄了）

……

ap jie lop, ap jiep lop,（不要怕，不要怕）

……

“不要怕”的彝语发音为“阿杰鲁”。这首用彝语演唱的民谣，歌词质朴感人，旋律也同样动人心弦，反映了彝族人朴实智慧中的坚强。

评委们被刘狄桦自信沉稳的发挥和高亢悦耳的歌声深深打动了，待她唱完整首《不要怕》，评委们都亮出了“94+”的最高分。刘狄桦荣获了第四届中国少儿小金钟音乐大赛总决赛声乐儿童组金奖。

妈妈说，刘狄桦在市里比赛时还是怯怯的，感觉“嫩”了点儿，到全国赛时刘狄桦简直就是个“老将”了。

“老将”出马，一个顶俩。用歌艺敲响“金钟”，刘狄桦深知荣誉来之不易，除了自己的努力，还要靠妈妈和老师教导有方。刘狄桦将继续努力，用歌声跟大家一起分享快乐。

威水史

2014年，在第四届中国少儿小金钟音乐大赛全国总决赛中，获得金奖。

2015年，在第五届中国少儿小金钟音乐大赛暨第二届中国小金钟舞蹈选拔赛中，被评为“优秀表演嘉宾”。

2016年，在肇庆市第八届少儿艺术花会中，获得金奖。

2016年，在肇庆市端州区“诵读经典　传承孝道”中华经典诵读比赛中，获得二等奖。

2016年，在肇庆市端州区小学生“孝亲感恩，立德圆梦”独唱、独奏、独舞、独诵比赛中，获得独唱特等奖。

我向习爷爷说句心里话

习爷爷，您辛苦了！我想邀请您到肇庆游玩，到我家来作客。

活力好少年

人们想起童年都是美好的、最难忘的，童年也是人的一生中经常会回忆的时光。看到你们，就想到了我们民族的未来。我国社会主义现代化、中华民族伟大复兴的中国梦，将来要在你们手中实现，你们是未来的主力军、生力军。希望全国各族少年儿童都“好好学习、天天向上”。

——2015年6月1日，习近平同志在人民大会堂会见中国少年先锋队第七次全国代表大会全体代表寄语

一根小小的跳绳，让庄滢滢跳出了顽强，跳出了坚毅，跳出了自信，跳出了活力！

庄滢滢：小小跳绳跳出的全国冠军

惠州市第二小学六年级（2）班

凭着一根小小的跳绳，也能拿全国冠军？

不管你信不信，惠州市第二小学的庄滢滢，就是这一奇迹的创造者。她多次在全国跳绳联赛中一举夺冠。不信？一起来看看她的精彩故事吧。

痴迷跳绳的小女孩

从小，庄滢滢最大的爱好就是跳绳。在一次偶然的机遇里，她接触了跳绳这项运动，看着跳绳队的哥哥姐姐们能把一根绳子跳出百种花样，心里十分羡慕，一下子着了迷。经过两次的校内选拔赛，她终于进入了跳绳队。

真正投入专业训练，却不像平时玩耍那么轻松。庄滢滢傻眼了，每天放学都得披星戴月地刻苦训练，来不及喊一声苦、叫一声累，汗水就将衣服湿透了。

可每当看到老队员们在跳绳间上下飞跃，跳出一个个花样动作，滢滢说什么也不想放弃这个美丽的运动。“要想出成绩，没有不吃苦的！”教练的话时时鞭策着自己。她咬咬牙，鼓励自己再苦再累也要坚持下来。

有一次，滢滢生病了，连续几天发高烧，离出外表演的日子很近，为了不影响跳绳队的整体发挥，她坚持带病训练。因为发烧，精神状态很差，教练看了很心疼，就劝她暂时停止训练，可是她一口拒绝，坚定地说：“老师，我可以的。”

训练中，大豆般的汗珠一颗一颗地滚落在地面上，汗水湿透了她的头发、衣服，但是她仍一遍又一遍地坚持着，手中挥舞着的彩绳画出一道道美丽的光环！

最后，滢滢以顽强的毅力战胜身体的不适，带领跳绳队在表演中表现出色，雷鸣般的掌声久久回荡……花样跳绳以别样的魅力征服了观众，值！

学习跳绳双丰收

虽然庄滢滢深深地迷上了跳绳，但家长怕她因为跳绳而影响学习，曾想让她退出跳绳队。滢滢急了，她相信自己不会因为跳绳而影响学习，因此上课更加专心，学习更加用功，并且一次又一次用成绩说服了爸爸妈妈。

在训练紧张时，她学会了科学合理分配时间，有比赛任务时，她带着课本去参赛，从不耽误学习。记得是2016年的10月，全国跳绳大赛在安徽池州比赛，她白天全力以赴，拼尽全力地比赛，晚上则认认真真把所落下的课程补上，带队的老师和同行的伙伴都向她竖起了大拇指。

这次全国跳绳大赛她荣获女子组的冠军，女子组30秒单摇的亚军。回到学校，她在班级考试中同样名列前茅。她用优异的成绩向所有支持她的人交上了一份满意的答卷。

一根跳绳结出的累累硕果

“一分耕耘，一分收获。”庄滢滢经过几年的刻苦训练，辛勤付出，最终取得了累累硕果。在2016年7月参加全国跳绳联赛时，她过五关斩六将，取得了骄人的成绩：个人项目共获得了2个全国第一，2个全国第二，2个全国第三的佳绩。同年11月，学校的跳绳队参加了惠州市第五届运动会，庄滢滢包揽了个人项目的冠军。

跳绳，让庄滢滢跳出了顽强，跳出了坚毅，跳出了自信，跳出了活力！她正如一匹小小千里马，在追梦的道路上勇敢驰骋；又像展翅高飞的雄鹰，怀着坚定的信念，在湛蓝的天空自由翱翔！

威水史

在2015—2016年全国跳绳联赛总决赛中，获得30秒间隔交叉单摇跳、俱乐部乙组女子组第一名。

在2015—2016年全国跳绳联赛总决赛中，获得30秒一带一单摇跳、俱乐部乙组女子组第一名。

在2015—2016年全国跳绳联赛总决赛中，获得30秒单摇跳、俱乐部乙组女子组第三名。

在2015—2016年全国跳绳联赛总决赛中，获得3分钟单摇跳、俱乐部乙组女子组第三名。

在2015年惠城区五年级小学生现场作文大赛中，获得一等奖。

2016年，获得惠州市第十二届美德少年“旭日奖”。

我向习爷爷说句心里话

习爷爷，当我看到您去学校看望学生，跟他们快乐地聊天时，我多想您也能来我们学校，跟我们聊聊天。

在小伙伴眼中，洪宇轩阳光、性格开朗、亲和力强，他的活力和阳光感染着每一个人。

洪宇轩：活力满满的阳光小子

汕头市龙湖区金珠小学503班

“十万个为什么”孩子

“妈妈，这是为什么呀？”

“老师，这是为什么呀？”

在妈妈和老师眼里，洪宇轩自小就是这么一个“十万个为什么”孩子。

从大自然中的物种问到电影里的高科技，从历史人物问到传奇故事，真是无所不问。正是这种好问好学的精神，使他对各方面都有广泛的兴趣。

在读幼儿园的时候，洪宇轩就开始到画苑学画画。到汕头市金珠小学后，他喜欢上了围棋；他还报名学吉他，而且还是学校微摄社团小摄影记者。

可是，要掌握那么多才艺可不像吃蛋糕那么容易，不但要处理好学习和爱好之间的关系，还要花很多很多时间，吃很多很多苦头。

学校艺术节，洪宇轩要上台表演武术，需要学习侧手翻。一开始洪宇轩没有掌握要领，这可把他急坏了。

回到家里，他把床上的床垫铺在地板上练了起来，一次、两次、三次……摔倒了就重新爬起来。

有一次差不多要翻过去了，但由于左手力气不够，手肘一曲，整个人从半空中摔了下来，头也碰到了地上。幸好有床垫护着，才没受伤，但他已经痛得直咧嘴了。不过他并没放弃，而是忍痛从地上爬起来，重新调整姿势继续练。

爸爸看见后，就用手机帮他录下每一次动作，然后再回放给他看，让他弄清楚是哪些环节有问题。最后，困难一个个被克服了，洪宇轩也终于能够完成标准的侧手翻动作。

学校艺术节那天，洪宇轩登上舞台，只见他右手拿着刀，侧身、左手撑地、握刀的右手落地、甩腿、双脚落地，动作连贯一气呵成，稳稳当当地站在舞台上，博得了台下热烈的掌声和喝彩声。

年仅9岁的“独行侠”

洪宇轩刚满9岁时，澳门国际武术节组织委员会就邀请他到澳门参加比赛。正当父母商量谁陪他去的时候，他却非常自信地说：

“爸爸妈妈，你们都要上班，我自己去就行。”

爸爸妈妈有点不相信自己的耳朵，毕竟他只是一个刚满9岁的小孩，而且从没单独离开父母。他们用怀疑的口气再次问：

“你真的不要爸妈陪你去？自己去不害怕吗？”

洪宇轩非常肯定地说：“不怕，我会照顾好自己的！”

爸爸妈妈只好同意了。

到了澳门的酒店后，洪宇轩住10楼，而他的同伴有的住在8楼。这天晚饭后，洪宇轩要到8楼找同学玩。没想到，当他走进电梯后却发现数字显示板上的“8”按不亮。

这时电梯门已重新关上，而且不下降，还继续往上升。

“怎么回事呀？电梯坏了？”

洪宇轩心里很疑惑，甚至想到了从小伙伴那里听过的鬼故事。幸好，广泛的兴趣和爱好造就了洪宇轩独立自信的性格，也培养了他不懂就问的好习惯。他一点也不慌张。

电梯门开了，走进来一位叔叔，洪宇轩立刻很有礼貌地向叔叔请教。那位叔叔拿出房卡比划一下，洪宇轩马上就明白了，原来是需要刷卡才能按电梯楼层。

待电梯升到顶层，里面没人了，洪宇轩拿出房卡在电梯显示板上刷了一下，再按下楼层“8”。果然，显示板上的“8”马上就亮了起来，他也顺利来到了同伴的房间。

在澳门比赛那几天，洪宇轩的衣服自己洗，行李也自己收拾。爸爸妈妈一直担心洪宇轩会在澳门落下什么东西。可他比赛结束回到家，爸妈打开行李一检查，里面居然一件东西也没少。

原来，洪宇轩临出门时，已经把自己所带的物件列出了一份清单，每天都会对照清单细细检查……

当那些陪着子女参赛的家长听说9岁的洪宇轩是自己一个人来澳门时，都感到不可思议，人人都为他的独立、活力、勇气而点赞，说他是个小“独行侠”。

国旗下的演讲

学校要洪宇轩在升旗仪式上进行国旗下的演讲。他接到任务后很激动，但一下子又不知道讲什么内容好。

回到家里，他看到电视里正在播放开展创文活动的新闻，他立刻来了灵感：“市里正在开展创文活动，我可以去讲这方面的内容啊。”

于是，洪宇轩查找有关创文的资料，并联系小学生在创文中应该做些什么，马上撰写了演讲稿。写完之后，他就在家里反复练习。

妈妈做好饭了，可客厅、卧室里都没见到洪宇轩的身影。

“奇怪了，宇轩放学回家后一直没离开呀？难道隐形啦！”

这时，从阳台传来了诵读声。原来洪宇轩正悄悄躲在阳台练习演讲，一练就忘记了吃饭，等到妈妈去阳台找到他时，才感觉肚子真的很饿了。

演讲那天，洪宇轩用真挚、自然和富有朝气活力的语言号召全校同学坚持从我做起、从小事做起，积极参与创文活动。

演讲结束后，洪宇轩身体力行，带动小伙伴们一起做讲文明的小学生。

有一次，洪宇轩的同桌上课时在画漫画，没有认真听讲，他发现后在纸上写了：

“不要画画，要认真听讲。”

那位同学看到纸条后，悄悄地把画纸收起来，专心地听老师讲课。

班里有一个同学经常讲脏话，洪宇轩也经常劝说他不能讲脏话，慢慢地那位同学就不再讲脏话了。

兴趣广泛、性格开朗的洪宇轩，一直用他的活力和阳光感染着每一个人。

威水史

2015年，在广东省第八届武术精英大赛男子刀术项目中，获得金奖。

2015年，在广东省第八届武术精英大赛男子看家拳项目中，获得银奖。

2016年，在第十一届香港国际武术比赛陈式太极拳套路项目中，获得第一名。

2016年，在第十一届香港国际武术比赛太极单扇项目中，获得第三名。

2015年，在汕头市龙湖区“学生身边守法故事征文比赛”中，获得二等奖。

2016年，获得学校“金珠之星”光荣称号。

我向习爷爷说句心里话

习爷爷，告诉您一个好消息，我参加香港国际武术比赛得了第一名，有机会我要表演给您看。

陈婧知道，要让成为中国泳坛公主的梦想成真，就需要用常人所不及的、坚忍不拔的努力，为自己打造一顶独一无二的桂冠！

陈婧：耀眼的桂冠需要自己打造

广州市东风东路小学五年级（12）班

世界上每个女孩儿都会做公主梦。广州市东风东路小学的陈婧也是一个爱做梦的女孩儿，她的梦想是以中国泳坛公主的形象向全世界展示中国人的活力和实力，站在奥运会领奖台的最高一级，让中华人民共和国国旗在国歌声中冉冉升起。

梦想，从“蓝天”起飞

蓝天幼儿园那个小小游泳池，是陈婧的公主梦发源的地方。

记得第一次走进游泳馆，老师把背着小浮板的小朋友们一个个领下水。战战兢兢的陈婧正巧被旁边小朋友打腿的水花溅了一脸，眼睛里、鼻子里全是水，难受得她“哇哇哇”地大哭起来。

她一边哭，一边在水里挣扎着，手脚拼命乱蹬，希望回到岸边。但老师一把拽住了她，严厉地说：

“回来！现在退缩了，就永远也学不会游泳了。”

这一句话，一直陪伴着陈婧学习游泳的全过程，还一直激励着她为以后实现梦想而努力。

带着大班20米蛙泳冠军的荣誉，陈婧从幼儿园毕业了。那一天，园长爷爷为小陈婧带上了一顶小博士帽，亲切地称她为“蓝天的好娃娃”。从此，成为泳坛公主的梦想，在离开幼儿园的那一天，悄悄地住进了陈婧幼小的心灵里。

而学习游泳的经历不仅给了小陈婧梦想，更给了陈婧实现梦想最需要的一种精神，那就是坚持！

冬训，严寒中迸发的激情

陈婧永远不会忘记第一次冬训的感觉。寒冬腊月，伙伴们穿着泳衣站在岸上都冻得瑟瑟发抖，而年仅8岁的陈婧，在教练那略带“胁迫”的鼓励声中，一咬牙，一闭眼，跃入冰凉的水中。

在身体接触池水的那一瞬间，陈婧就像掉进了冰窟窿里，手脚麻痹，似乎已经不是自己的了，上下牙齿“咯咯咯”打着颤，呼吸也急促得快要窒息。

200米的热身训练还没游完，陈婧感觉右脚的五个脚趾蜷缩起来，然后是脚掌，双脚完全不听使唤，一种钻心的疼痛从脚掌传递到了小腿、大腿，所有的肌肉都痉挛在一起，右腿已经完全动不了了。

陈婧感觉自己的身体一直往下沉。这时，旁边一位大哥哥有力的双手拉住了她，把她拖到了池边。

这是陈婧第一次抽筋。

“没关系的，只要做好拉伸，缓一缓，训练就可以继续。”大哥哥在一旁安慰陈婧。

这短短的一句话，让陈婧看到强者那种对困难的蔑视。她知道，对一个游泳运动员来说，冬训是一道不可回避的门槛，不跨过这道门槛，你就不能真正进入游泳王国的大门。冬训锻炼的不仅是体能和毅力，更是一种冲刺终极目标的激情。

陈婧浑身上下重新充满了力量，硬是咬着牙完成了她的第一次冬训。

更令陈婧难忘的是2016年越秀区中小学生游泳锦标赛前两周，在学校篮球赛上，陈婧的膝盖意外摔伤了。要不要停止训练？陈婧第一次和父母发生了激烈的争吵。

最后，陈婧用液体创可贴解决了如何封住伤口下水的问题。但是，液体创可贴是极度刺激的，每次下水前，当把液体涂上伤口的那一刻，她都感到一种无法言说的撕心裂肺的疼。

但是，不管多疼，都挡不住陈婧登上泳坛公主宝座的决心和激情。为了能参加比赛，陈婧每天都在嚎啕大哭中完成伤口包扎。

也正是在这一次比赛，陈婧以50米和100米自由泳双料冠军的成绩，成为越秀区中小学生自由泳的女王。

冠军，每一段新征程的起点

从幼儿园第一个游泳冠军开始，6年来大大小小的冠军已经数不胜数，而每一张贴在墙上的奖状，都给陈婧带来新的目标和新的希望，也让她离泳坛公主的宝座靠近了一步。

2016年，陈婧参加广州市青少年游泳锦标赛。她的对手，是广州市各区游泳运动的佼佼者，有些甚至已经是广州市游泳队的专业队员，这场广州市最高级别的比赛让陈婧充满了敬畏。

说陈婧不怕，那是假的；说怕，也不尽然。初生牛犊不怕虎的陈婧勇气满满，她希望自己成为一名真正的游坛公主，而公主头顶上那耀眼的桂冠，一定要用自己的双手打造而成！

50米自由泳，陈婧仅以0.2秒的微弱差距屈居亚军，但这个亚军给了陈婧信心，也给了陈婧挑战强者的勇气。

“100米自由泳，我必须放手一搏，倾尽全力！加油！加油！”

陈婧在为自己加油！

直到今天，回看当时的录像，陈婧仍然能感受到赛场上的惊心动魄……几乎同时起跳出发，不分伯仲的50米转身，加速、冲刺，肉眼不能分辨先后的触碰池壁……当赛场大屏幕上出现第一名“陈婧”时，现场观众的欢呼声响彻了天河体育中心游泳馆的赛场。

在追求梦想的道路上，没有一个冠军能够被称为“终点”，它们就像攀登珠穆朗玛峰过程中的每一个营地一样，是为往后每一步攀登和冲刺补给和加油的新起点！

威水史

2015年，在广州市体育传统项目学校小学生游泳比赛丙组女子50米自由泳项目中，获得第一名。

2015年，在中国舞蹈家协会社会艺术水平考级中，获得中国舞五级证书。

2015年，在第九届ABC全国青少年英语口语大赛广东省决赛中，获得小学A组银奖。

2015年，在广州市越秀区东风东路小学“少儿故事创编比赛”中，获得一等奖。

2016年，在广州市青少年游泳锦标赛儿童乙组女子自由泳全能项目中，获得第二名。

2016年，在广州市青少年游泳锦标赛儿童乙组女子200米个人混合泳项目中，获得第三名。

2016年，在全国少儿游泳分区赛（广东赛区）女子10岁及以下组100米自由泳项目中，获得第四名。

我向习爷爷说句心里话

习爷爷，我和您一样，四五岁就学会了游泳，真希望有机会能跟您比试一下，看看咱们谁游得更快。

吴秉恒学习太极拳，不仅练出了好身手，更练出了勇于担当、事事挺身而出的男子汉风骨。

吴秉恒：习武之人勇担当

汕尾市城区凤山街道中心小学五年级（2）班

2016年暑假刚过了一半，吴秉恒就跟着妈妈坐上了去佛山的大巴。坐在凉风嗖嗖的车厢内，看着窗外阳光下飞闪而过的美景，虽然多年练习太极拳练了定力，但吴秉恒的心真有点按捺不住了。“第六届世界太极拳健康大会”，这可是个世界级的比赛，“会见到很多高手吗？我会被打败吗？”吴秉恒一次又一次地问妈妈。“我们参加，主要是来开阔眼界，增长见识，又不是拼输赢。”妈妈摸摸儿子的头笑着说。

虽然是这么说，可谁不想赢啊？吴秉恒早就借助这次赛前的准备，不断鞭策自己努力训练，提升自己的打拳水平。所以，他的心早就飞到赛场，迫不及待地来一个“白鹤亮翅”。

8月6日上午，佛山市新城世纪莲体育中心体育场上，吴秉恒站在运动员的队伍里。哇，好多人！好多小朋友来参加比赛！ 原来有那么多人从小就习练太极拳了！早在2015年就通过中国武术协会的考评，获得了中国武术陈式太极拳一段认证的吴秉恒很激动。特别是在开幕仪式上，当主持人念到有20多个国家和地区的128支队伍1 300多名运动员参加时，他感到很震惊，原来全世界有那么多人热爱太极拳，作为其中的一分子，真的非常自豪。吴秉恒不自觉地挺了一下胸膛，站得更直了。

比赛开始了，随着熟悉的音乐响起——揽雀尾、单鞭……白鹤亮翅、搂膝拗步……如封似闭……

吴秉恒出拳、探腿、扬臂，只觉得两耳生风，气运丹田，此时，他并不知道，所有评委的目光已经聚焦在这位只有11岁的汕尾少年身上，他的舒展、沉稳，连同脸上的坚毅都深印在评委的脑海里。“第六届世界太极拳健康大会，男子A组其他传统太极拳一等奖，汕尾市吴秉恒”如一个欢乐的大鞭炮在吴秉恒耳畔炸响，“真的是我吗？真的吗？”吴秉恒马上把目光投向观众席，“妈妈，真的是我吗？”他开心极了。

是的，此时的妈妈在哪里呢？

妈妈看着站在奖台上的儿子，相信此刻一定比获奖的儿子更开心。因为她是儿子的“同门师姐”。好笑吗？妈妈竟是儿子的师姐。千真万确不骗人。

妈妈是太极拳爱好者，她在儿子还没出生的2002年开始跟随陈式太极拳第十二代传承人王文波老师习练陈式太极拳，2003年成为汕尾市城区陈式太极拳协会会员，2015年，根据《中华太极拳传承谱系》，确认成为陈式太极拳第十三代传承人。说起来还真有意思。在妈妈怀孕的时候，前三个月没有打拳，从第四个月开始到秉恒出生，妈妈每天傍晚在海边街散步时都不忘坚持打太极拳。所以很多人都开玩笑地说：“秉恒是从娘胎里就开始练拳的哦。”秉恒刚学会走路，早晨妈妈就带着他到练功场玩，他看到大家都在站桩和打拳，也跟着模仿。妈妈的师父王老师看这小孩对太极拳有兴趣，就试着让他站桩，那时，秉恒站桩才几秒钟，就摇摇晃晃地摔了下来。后来，一天一天地延长站桩时间，一边玩一边学。王老师很喜欢，就亲自教他打太极拳，于是，妈妈也成了秉恒的“师姐”了。

可能因为“胎教”的作用吧，秉恒从小就爱打太极拳，从刚学会走路开始，到现在11年了，他都跟着王老师学拳，就是上学了，他也坚持每天早晨自己练一小段拳后再早读课文，然后到了晚上再和老师一起练，从不间断。

因为是从小练习太极拳，原来弱小的身体渐渐变得强壮起来。学校里的同学可佩服吴秉恒了，偶尔碰上调皮捣蛋的同学，他就敢“挺身而出”制止他们的不良行为。

或许是习武之人有胆量吧，通过练拳，吴秉恒越来越自信，他主动承担学校的升旗仪式、禁毒宣誓活动等主持工作，积极参加演讲比赛、六一文艺汇演等活动。因为练拳，秉恒觉得自己有使不完的劲，可以做更多的事情。于是，他参加学校鼓号队的训练、参与学校志愿者活动，也经常打篮球、跑步、打羽毛球、学习书法，还学习了吹笛子。

武术是中华民族的精髓之一，武术的灵魂是勇于担当，吴秉恒学习太极拳，不仅练出了好身手，更练出了勇于担当、事事挺身而出的男子汉风骨。每当看到有人需要帮助，他都主动帮忙。无论是邻居老爷爷过马路、邻居奶奶拎东西上楼，只要被他遇见，他肯定会出手帮助。记得有一年中秋夜到海边赏月，看到志愿者在捡垃圾，他也跟着队伍捡起了垃圾，忘记自己是来赏月的了。

威水史

2013年，在石家庄“马虹杯”传统陈氏太极拳联谊赛中，获得三等奖。

2016年，在第六届世界太极拳健康大会男子A组其他传统太极拳项目中，获得一等奖。

2016年，在第五届汕尾市传统武术锦标赛男子儿童组太极拳项目中，获得金奖。

2016年，在汕尾市城区凤山街道小学系统学生作文竞赛中，获得一等奖。

2016年，获得第十二届宋庆龄奖学金。

2015—2016年度被评为广东省“优秀少先队员”。

我向习爷爷说句心里话

习爷爷您好！感谢您和党，给我们汕尾请来了非常好的市委书记和市长，现在汕尾马路变宽了，街道变干净了，城市建设越来越美丽。习爷爷您辛苦了，请您保重身体，工作时也要适当放松。

他热爱生活，热爱运动，热爱班集体。因为热爱，他奔跑在成长的路上时，总是能量满满的。

黄子博：能量满满“活力小超人”

潮州市实验学校603班

凡是认识黄子博的老师和小伙伴都会惊讶于子博用不完的精力：担任班长、学校少先队副大队长、学校武术队队长、升旗队旗手、课间操领操员、学校值日队队长等职务；从一年级开始加入学校武术队，跟着老师练习武术至今，坚持每天放学后练习1小时；作为学校健美操队成员，随队比赛并在市赛、省赛、国赛中获得优异成绩；连年参加校运会，是60米赛跑、100米赛跑、游泳、接力及拔河等项目的常胜将军；参与学校第二课堂“美文朗诵”“小记者培训班”等活动；同时保持学习成绩优秀，经常以高票数被评为“三好学生”“优秀学生干部”“校园智慧之星”……其他小朋友在忙着上补习班的时候，这位“活力小超人”却过着使劲玩的生活，这是怎么做到的呢？

秘密一：兴趣

“我很喜欢孔子的一句话‘知之者不如好之者，好之者不如乐之者’。”子博眉飞色舞地介绍着自己的兴趣爱好。“我觉得快乐学习各种才艺最重要，我也相信自己所学的这些能给未来的自己以及身边的人带来幸福。”出生在温馨和睦家庭中的子博，一直在妈妈“快乐学习，在玩中学习”的教育理念下成长。读书和学习在其他小朋友眼中可能是一种负担，但子博妈妈却会变着法子让学习成为一件有趣的事：与朋友一起组织“阅读书包”让子博和其他小朋友们一起读绘本；发动“发现潮州”寻宝活动，带孩子们去认识家乡的西湖、牌坊街等名胜的知识；组建“潮州自然教室”，让小朋友一起认识植物的生存智慧；等等。兴趣是开端，无论玩什么，子博都玩得兴致勃勃。学习就是从兴趣开始，在学习中寻找最大的快乐。

秘密二：坚持

坚持就是让兴趣发展至极致的催化剂。子博的爷爷是军人出身，爸爸也传承了爷爷的正气和自律精神，他们从小就要求子博开了头就不能轻易说放弃。因此，子博虽然兴趣广泛，但是却不是“三分钟热度”。从一年级开始习武，坚持每天放学练习1小时，6年后子博已经掌握了太极拳、散打、狼拳、军体拳、五步拳。

正是子博身上这种乐于学习又不轻言放弃的精神，使在学校教子博武术的江老师毫不犹豫地把他选入了学校的健身操队。虽然子博觉得一个大男生去练健美操有点难为情，但是想到能和同学们一起训练和比赛，便欣然接受了这个新挑战。

健美操的基本舞步对有着武术功底的子博来说只是小菜一碟。然而，健美操讲求健与美的结合，必须是音乐、队形、动作有机结合才能产生特殊的力量美。这一路走来并不简单，随着比赛日子的逼近，训练时间日渐加长。平日和蔼的江老师，在舞蹈室里收起了笑容，以最高的标准要求大家：“动作要做到位！往下压！再往压下！这样不行的！”谁都没有马虎行事，子博和同学们强忍着泪水，不断重复着动作，即便手酸到提不起来，双脚像灌满了铅一样迈不了步也要坚持做到最好。每次当老师要求子博再做一遍动作的时候，他总是告诉自己：“一定要坚持！坚持就是胜利。”果然皇天不负有心人，潮州市实验学校这支队伍，从市赛一直过关斩将，最终在青岛拿下了全国特等奖。

秘密三：大家一起玩

黄子博是班长，和同学们的关系特别好。因为他觉得当班长就要坚持公正，默默地做好工作，尽可能地关心大家。但是同学们对他的好有时都让他都觉得有些“受宠若惊”。在603班，有一种特殊的现象，大到推荐优秀班干部，小到上课时推荐同学发言，几乎无论什么大小事情，同学们总会高喊“黄子博、黄子博”。

因为人品好、颜值高，“黄子博”这个名字特别有号召力，所以子博经常与班里同学组织足球队、篮球队、民乐队、音乐小组、阅读小组等，开展班级文娱活动。大家一起玩，活动就当然更多，能团结同学一起努力，就收到事半功倍的效果。子博的603班在全校48个班的量化评比中获得全校第一，被评为“文明班集体”，同时也被评为“潮州市学雷锋先进集体”。

乐学+坚持+团结，使得黄子博成长为一个多才多艺的“活力小超人”。难怪妈妈总是疼爱地说：“这个子博，就是忙，忙得很开心。”老师说：“看着子博忙，还忙出不少成果呢。”

总是很忙的子博，谈及未来，应该更忙——他希望以后开一家学生兴趣活动中心，里面有书屋和各种乐器，有适合男生的武术、跆拳道武馆，也有专门为女生设计的舞蹈室……哇，真的很忙！如果子博的活动中心能付诸实践，那他的积极的学习态度一定能影响更多的学生享受学习中的快乐，成为“活力小超人”。

威水史

在2014年潮州市中小学生、幼儿健美操比赛中，获得小学组特等奖。

在2016亚洲大众体操节暨第五届全国全民健身操舞大赛总决赛中，获得有氧健身操、小学混合组特等奖。

在2016亚洲大众体操节选拔赛第五届全国全民健身操舞大赛（广东赛区）中，获得有氧健身操小学甲组一等奖。

2016年，经中国音乐家协会音乐考级委员会评定，获得钢琴六级证书。

2016—2017学年度第一学期，被学校评为“三好学生”。

2015—2016学年度第二学期，被学校评为“优秀学生干部”。

我向习爷爷说句心里话

习爷爷您辛苦了！有机会请您来我们家乡，到湘子桥走一走，到牌坊街看一看，听听潮州大锣鼓，吃吃潮州小吃吧！

他就像一个传播藏族文化的小使者，倾尽自己最大的努力，去做好每一件有意义的事。

益西次成：传播藏族文化的小使者

惠州市华罗庚中学高二西藏班

益西次成来自海拔 3 500 米以上的西藏阿里地区，从小生长在牧区，在蓝天白云下，在青山绿草中，他成长为一个爱运动、爱音乐、爱舞蹈的男孩子。

阳光的藏文社社长

两年前，益西次成以优异的成绩考上了惠州市华罗庚中学西藏班。第一次来到广东，他就抱着一个希望，那就是要尽自己的所能，把西藏民族的文化传播出去，让更多的人了解藏族，了解藏族的文化。

带着这样的希望与梦想，益西次成和他的同学们一起建立了“藏文社”，他被推举成为藏文社社长。

每周三下午放学后，益西次成都坚持开展藏文社的活动。他选好各类的文化主题，利用一切的资源，组织好讲座，并通过提问环节与汉族同学互动交流。有时遇到自己不懂的，他就向藏文老师请教，或者打电话询问家里的长辈。

虽然来到了汉族的学校，但出于对藏文字的热爱，益西次成常自学藏语言，练习藏文字。他不仅自己学习，也希望能够把藏文字介绍给汉族同学们。

于是，他教藏文社的同学从最基本的30个藏文字母学起，体会此中的韵味。他还教简单的藏文字发音，并手把手地教汉族同学在明信片上写下美丽奇特的藏文字，给远方的朋友寄去诚挚的祝福。

策划藏历新年晚会，汉藏一家亲

转眼间，在异乡求学的第一个藏历新年就要到了。益西次成在思念家乡亲人的同时，想到要带领藏文社的成员们一起组织一次联欢晚会，让汉族同学一起感受西藏的民俗文化。

说实话，第一次组织这么大型的晚会，益西次成内心十分紧张。由于没有经验，手忙脚乱的情况不断出现：节目的筛选，各种排练，舞蹈的配乐……他承受着巨大的压力，好几次想放弃。

但是，每当想起了自己最初的梦想，要传播藏族文化，他又重新打起精神，把事情一件件做好。晚会，终于热热闹闹地开场了。藏族伙伴们身着节日的盛装，载歌载舞，在一首首藏族歌曲中，在一个个充满藏族特色风情的舞蹈里，充分展现了来自高原的歌舞文化……

汉族学生们也一个个被气氛感染了，他们纷纷登台献上汉族的民乐：琵琶、古筝、二胡……在酥油茶、青稞糌粑飘香的礼堂里，留下了汉藏同学的阵阵欢声笑语。

在欢乐的人群中，益西次成开心地笑了。虽说筹备工作很辛苦，但看着这民族和谐的欢乐场面，他认为所有的努力都是值得的。

渐渐地，藏文社在学校社团中的知名度越来越高。益西次成希望藏文社能够在汉族同胞心里有一定的分量，能够让越来越多的人明白那不仅仅是一个社团，更是一座连接汉藏友谊的桥梁。

他就像一个传播藏族文化的小使者，倾尽自己最大的努力，去做好每一件有意义的事。

威水史

2015 年，作为学校藏文社社长，带领藏文社荣获惠州市“优秀学生社团”、广东省民族团结“模范集体”称号。

2015 年，参加学校“慧众杯”合唱比赛，获得一等奖。

2015 年，参加学校第一届足球节联赛，获得亚军。

我向习爷爷说句心里话

亲爱的习爷爷，我和我的藏族小伙伴们都很喜欢您，希望有机会能给您唱一首扎西德勒，跳一曲锅庄舞。

体育运动不但磨砺了我们的意志，还锻炼了我们吃苦耐劳的精神，也让我们明白什么叫“一分耕耘，一分收获”。

李浏欣：在运动中快乐成长

湛江一中培才学校初二（18）班

有这样一个活泼开朗的中学生，她喜欢尝试并汲取各种新的东西，不断挑战极限，并发誓要竭尽全力地去做好每一件事情。

她的同学说：她很优秀，不仅成绩好，爱好也很广泛，经常作为主力代表班级参加运动会，为我们班级争得了好多荣誉。

她的老师说：她是一个活泼开朗、有活力的学生，学习刻苦勤奋，成绩名列前茅，而且她的活力还不局限于课堂，在运动场上也很棒。

2015 年的寒假，为了提高网球技术和体能水平，她来到深圳市一家网球俱乐部训练。负责指导她训练的是两个葡萄牙的知名外籍教练，他们训练要求高，强度大。

每天上午的时间，她安排用来学习。下午从 2:30 分到 6:30 分，4 个小时全部用来训练。

每天训练完，她都是筋疲力尽的。大冬天的，她一天要换三套衣服，每一套换下来的衣服都可以拧出汗水来，因为训练强度太大，她的脚也磨出了血泡。

但是，她没有一点懈怠的念头，始终紧跟两位教练的训练节奏。她说：“我不觉得累，我很享受外籍教练的训练流程。他们的训练非常有特点，带有启发性，是让我感到快乐的训练方法，对我的网球技术和体能水平的提高都有很大帮助。而且，我的英语口语水平也在与他们的交谈中得到了提升。兴趣和爱好是最好的老师，即使辛苦也算不了什么！”

体育运动可以使一个人的性格变得沉稳坚毅，逐步使人变得有韧性、有胆识。她就是这样，在她热爱的运动中得到快乐，并在这项运动中锻炼成长。

2016年11月中旬，中国青少年巡回赛广东赛（湛江站）在湛江体育中心球场开赛。在这场比赛中，她的对手是来自清华大学山花队的臧清琳，臧清琳身高1.78米，是“种子选手”（水平较高的选手）。

比赛时间安排在接近中午的时段，天气非常炎热，同时也有现场直播。对手是职业运动员，无论是身高还是技术，对她来说都是非常大的挑战和压力。

比赛刚开始，她一直被对手压着打，分数落后非常明显，但她没有放弃，努力调整自己，越战越勇，一分一分往前追，比分越来越接近。有一局她发出了4个ACE*球，赢得了全场观众的掌声和鼓励，给对手非常大的压力。

历经12局的比赛，最后她以2局的劣势输了比赛。但她说：“这场比赛给我带来的是自信，是不放弃的精神，是坚持到底的信念，同时对网球我又有了新的理解和想法。非常感谢这场比赛，让我在比赛中得到成长。”

她就是就读于湛江一中培才学校，热爱生活，喜爱运动，酷爱网球，同时成绩优秀的活力好少年李浏欣。

---

* 注：ACE球指球落在有效区内，但对方没有触及球而直接得分的发球。

威水史

2016年，在中国青少年网球比赛中进入前八强。

2016年，在广东省青少年网球排名赛总决赛中，获得乙组女子单打第二名。

2016年，在湛江市业余网球排名赛年终总决赛中，获得初中组女子单打冠军。

我向习爷爷说句心里话

习爷爷，您好！我生长在美丽的海滨城市——湛江市，欢迎您到湛江来做客，看看湛江的碧海银沙和美丽的湖光岩玛珥湖。

不畏困难，劈波斩浪，向着理想的目标冲刺。

李昕：乘风破浪的小蛟龙

中山市小榄镇永康小学五年级（3）班

与水世界结缘

小时候，李昕特别喜欢通过电视看中国国家队的游泳健儿们在泳池中比赛，而当鲜艳的五星红旗冉冉升起、雄壮的《义勇军进行曲》庄严奏响，李昕就格外激动。

进入中山市小榄镇永康小学读书时，学校的游泳馆成了李昕最喜爱去的地方，在那里可以看到高年级的哥哥姐姐们游泳。他们在水中的一拨一划，一蹬一动，无不拨动着李昕的心弦。每当此时，李昕总是情不自禁地模仿着那些动作。后来，她强烈地向爸爸妈妈提出："我要学游泳！"

李昕如愿以偿成为学校游泳队的一员。从此，不管刮风下雨，寒冬酷暑，泳池里总是少不了她的身影。

凌晨5点钟，当整个城市还在梦乡，只有几颗零散的星星挂在深蓝色的夜空中时，李昕已坐在爸爸小车的后座上，行进在去往泳池的路上。晚上 9 点，当夜幕笼罩大地，其他的小伙伴们在家享受着动画片的欢乐时，李昕还在教练的指挥中游弋着一个个来回。

不畏困难的运动健将

如果只是爱好，玩玩游泳，是没什么压力的，但李昕从小就渴望能像中国国家队的游泳健儿们那样，站在领奖台上，看鲜艳的五星红旗冉冉升起，听雄壮的《义勇军进行曲》庄严奏响，那就有成绩的压力了。

最初在学校游泳队训练中，李昕并没有任何优势。在比赛中，她的体力不如其他人，一直处在落后状态。她在游泳训练中遇到的最大困难是技术上的，她参加学校游泳队时已经7岁了，而其他小朋友多是从五六岁开始训练，因此她一开始的游泳技术相比之下格外粗糙。

“你想要出成绩，一定要抓紧时间训练！”游泳队的梁教练对李昕认真地说，“你的问题一个是技术上的，另外就是体能上的，都要好好补课！”

“好！我会加强训练。”李昕很听教练的话。

针对训练时表现出的技术粗糙的问题，梁教练专门布置了针对性的训练：一是每晚在床上模拟打腿、划手动作 30 分钟；二是每次都练习至少 10 组仰卧起坐，每组 60 个；三是训练间隙通过长跑来提高体能。

每晚的训练，父母都在李昕身边帮着按压身体，鼓励加油。

每天长跑时，教练都在旁边指导方法，严加督促。

各种针对性的训练坚持了一个学年以后，李昕在技术和体能方面取得了明显的进步。

转眼到了二年级暑假，李昕拿到了镇游泳比赛的第一名。

技术、体力、心理……李昕克服了练习游泳遇到的很多困难。到了四年级，她又遇到更多的难题。随着年级的升高，学业越来越重，游泳训练时间和学习时间经常产生冲突。如何做到既要保证训练，又要保持学习不退步，是一个两难的问题。

李昕的妈妈对她还多了一点担心，就是女儿的爱好太多了。原来啊，除了游泳，李昕还擅长下国际跳棋、跳拉丁舞和长跑。

有一次，有同学对李昕说："这么多作业，我都没有时间玩，你还参加那么多的兴趣班，会不会影响学习啊？"

不畏困难是运动员身上显著的气质，为了处理好"玩"与学业的关系，李昕在妈妈的指导下学会了巧妙地提高做事的效率，从而获得更多由自己支配的时间。

她每天安排一个计划：在上课时，认真听讲，让时间发挥最大的效率；自修时，尽量多做点作业。放学后，她就去训练游泳，让累了一天的身心得到放松，精力更旺盛。回家吃饭后，不能马上做作业，正好用来练棋或感受拉丁舞曲，一方面帮助消化，另一方面，让脑子得到音乐的滋养调节一下，之后，就开始做作业。

她还利用周六、周日去参加义工服务活动，这样科学地安排时间，她觉得学习和训练都蛮轻松的，没有压力。

"国家二级运动员"的新梦想

"1分13秒25！"

在2016年11月广东省青少年游泳冠军赛女子丙组100米自由泳比赛中，李昕的成绩是1分13秒25，比"国家二级运动员"的达标成绩"1分13秒"就多了一点点！

与"国家二级运动员"的称号失之交臂，李昕很失望。

教练指出："你的问题出在转身速度慢。"

比赛后，在教练的指导下，李昕每天在泳池中练一个小时的转身。每次练完都已经夜色茫茫，她腰酸背痛，有时甚至想哭，但她转身越来越快，速度明显提高，转身慢的毛病被有效地克服了。

2016年12月，在全国少儿游泳分区赛（广东赛区）女子公开丙组100米自由泳中，经过奋力拼搏，李昕突破1分13秒，最终以1分12秒17的成绩获得"国家二级运动员"的称号。该称号要在地市级以上比赛中获得相应成绩才能获得，李昕是全中山市五年级在校生中唯一获得该称号的学生。

"女子100米自由泳国家一级运动员成绩需要达到1分02秒50，我又有新目标了！"李昕希望在今后的训练中，更加刻苦努力，早日获得"国家一级运动员"称号，她今后的梦想是能进入清华大学游泳队。

那个曾经在泳池中扑腾的弱小身影，现在终于化成了一条乘风破浪的小蛟龙，正向着心中的目标全力冲刺。

威水史

2016年，在全国少儿游泳分区赛（广东赛区）中，凭借100米自由泳成绩获得“二级运动员”称号。

2016年，在全国少儿游泳分区赛（广东赛区）中，获得女子10岁及以下组100米仰泳第五名、200米自由泳第七名。

2016年，在广东省青少年游泳冠军赛中，获得女子公开丙组100米自由泳第二名、女子少年E组蛙泳全能第四名。

2016年，在中山市第七届体育舞蹈锦标赛中，获得公开11岁单人单项LR-4第一名。

我向习爷爷说句心里话

习爷爷，您日理万机，也要注意锻炼身体哦，要不，您也跟我一样天天去游泳吧！

乒乓球不仅是项运动也是种精神，是胜不骄、败不馁，是坚持执着、永不言弃。

李昕：永不言弃的“乒乓女孩”

清远连州市连州镇中心小学六年级（7）班

李昕是一个阳光开朗、健康向上、充满活力的女孩儿，更是一名品学兼优，德、智、体、美、劳全面发展的优秀学生。她是班上的副班长，学习成绩也是一直名列前茅。

在上四年级的时候，一个偶然的机会里她接触到乒乓球运动，从此便深深地爱上了这项运动。

她的爸爸怕她没有那么多精力应付，说：“你已经在学钢琴，每星期还要上一节拉丁舞培训课，现在功课也是越来越多，越来越紧张，你哪里还有时间去练乒乓球呢？”

李昕听了，当面与爸爸立下“军令状”，表示无论训练有多么艰苦，她都会一直坚持，而且坚决保证学习、练球两不误。

爸爸拗不过执着的女儿，他也知道，自己的女儿就是一个说到一定会做到的孩子。

从2015年1月起，每天一放学，爸爸就把李昕从学校送到球馆，开始一个半小时的艰苦训练，7点多回家洗澡、吃饭，然后做完作业再睡觉。

乒乓球训练是一项枯燥事，为了练好一个动作，她徒手挥拍成千上万次；为了发好一个球，她一遍一遍、不厌其烦地发；此外，还有体能训练。李昕每天训练完，身体都像散了架一样，腰酸背痛，有时还会有一些运动损伤，她都咬牙坚持了下来。

经过一年刻苦训练，李昕开始参加一些比赛，并崭露头角。

2016年7月，她从学校、镇的选拔赛中脱颖而出，代表连州市参加清远市中小学生乒乓球赛。

团体赛中，她和队友先是在小组赛战胜了佛冈县的团队，又战胜了夺冠大热门清新县，夺得小组第一。

在与清新县的团队争夺小组第一的比赛中，前四场，双方战成2∶2，李昕作为主力，毫不畏惧，守住了最后一道防线，拿下了关键一场，以3∶2取得了胜利。

最后在和清城区的冠军争夺战中，前四场又战成2∶2，李昕依然担负着夺取制胜分的重任，比赛中，由于紧张，先失一局，在教练和队友的支持和鼓励下，李昕调整了自己的心态，平和心情，沉静下来，放下压力，一个球一个球认真对待，最终连下3局，以3∶1取胜，为连州市赢得了历史上第一个乒乓球团体冠军。

在比赛中，李昕不仅仅获得了宝贵的比赛经验，更重要的是从中学会了思考。

“良玉须切磋，玙璠就其形。”不论做什么事，都会遇到困难和障碍，只要不惧怕失败，学会心理稳定地面对困难的境地，不退缩不放弃，就一定能取得最后的成功。

她说：我做任何事，不做则已，要做就要做好、做到底。万事贵在坚持，在这坚持中，我的毅力也得到锻炼。

正是凭借这种积极进取、永不言弃的干劲儿，李昕在钢琴、拉丁舞比赛中同样取得了优异成绩，而且每个学期都获得“三好学生”“优秀干部”“优秀少先队员”等荣誉。

威水史

2015年，中国国际标准舞总会授予铜牌证书。

2016年，在清远市中小学生乒乓球赛中，获得小学组女子团体第一名。

2016年，在清远市少年乒乓球锦标赛中，获得乙组女子单打第四名。

2016年，在“明日之星”香港国际青少年文化艺术节广东省总评选中，获得少儿B组钢琴金奖。

2016年，在第二节广艺国标舞艺术节中，获得等级业余女子单人拉丁舞10岁以下单项R第6组三等奖。

2016—2017学年度第一学期，被学校评为“三好学生”。

我向习爷爷说句心里话

敬爱的习爷爷，我想对您说：我希望不要因为发展而破坏环境，我希望我的家乡连州永远像现在这样，蓝天白云，山清水秀，空气清新，鸟语花香。好吗？

用舞蹈锻炼好身体，用舞蹈提高意志品质。

盘芯锐：为“歌星”父亲伴舞的女孩

云浮市罗定市罗城中心小学五年级（9）班

舞台上的公主

“芯锐，在舞蹈班又学了什么新的舞蹈？能不能跳给我们看？”熟悉盘芯锐的父亲的人都知道他有个爱跳舞的女儿，所以大家一到他家，总是爱逗他的女儿，请她出来跳个舞。

“好啊！”盘芯锐蹦蹦跳跳站到了客厅的中央。

从小，盘芯锐就是一个活泼好动的女孩，她的兴趣爱好可多啦！唱歌、跳舞、看书、朗诵、运动……但她对舞蹈情有独钟。她从5岁多就开始学舞蹈。刚刚学舞蹈时，每次上完舞蹈课回来她就迫不及待地把学到的舞蹈表演给大家看。现在亲戚朋友想看她的表演，她便自信地跳起了新近学会的舞蹈。

大家看她表演动物、植物的故事，肢体语言十分丰富。

“你将来一定能成为舞台上的公主。”亲戚朋友非常看好她的跳舞才能。

“真的吗？”每次别人一称赞她，盘芯锐都会欢欣雀跃。

盘芯锐的父亲是个懂艺术的人。看到女儿那么喜欢跳舞，便引导她说：“跳舞除了技巧好，舞者还得要有修养，才能真正表达好舞蹈的内容。”

“嗯！我要好好读书。”聪明的盘心锐非常听话。

盘芯锐喜欢阅读，一有空闲就看书，一有书看就爱不释手，从童话故事、自然科学到社会时事，广泛的阅读习惯开阔了她的眼界。

“快乐宝贝”的第一次演出

俗话说：“台上一分钟，台下十年功。”

舞蹈的道路充满艰辛和汗水，每次上舞蹈课盘芯锐总是练得全身冒汗，腰酸背痛，但她总是不懈地努力。

盘芯锐第一次演出是参加家乡的新年迎春晚会。

以前，盘芯锐常常跳舞给别人看，但那都是普通场合的表演。这次她被挑选到市里的新年迎春晚会上表演，那可是正式场合的表演啊！但是，小小年纪的她并不觉得很紧张：“反正上台按平时练习的跳出来就行了。”

她看到父亲、指导老师在观看自己排练时都非常认真，大人们的紧张也影响到盘芯锐的心理，弄得当时才7岁的她也有点小紧张了。

“下面表演的是独舞：《快乐宝贝》；表演者：罗定市罗城中心小学盘芯锐。”报幕的声音响起。

“别紧张，按平时练习的跳出来就行了。”指导老师吩咐盘芯锐。

盘芯锐自信地点点头。其实啊，《快乐宝贝》的舞曲一响起时，她早就忘记了害怕。她太喜欢跳舞了，在轻快的旋律下，她翩翩起舞，灿烂的笑容、可爱的形象、优美的舞姿，赢得了观众一阵阵掌声。

2014年春节，盘芯锐第二次参加家乡的新年春节晚会，她的独舞《剪纸妞妞》脱颖而出，荣获一等奖，台上台下全都是赞赏她的目光，这就更坚定了她钟情于舞蹈的决心。

演绎《回家吃饭》

2014年夏日的一天，盘芯锐的父亲在网上看到罗定市将要举办一个家庭才艺大赛，爸爸想：“我喜欢唱歌，女儿喜欢跳舞，要不父女俩就来个歌伴舞吧！”他当时立马报了名。

当父亲将参赛的事告诉女儿时，盘芯锐高兴地说：“爸爸，我早就想为你伴舞了！”

原来，盘芯锐的父亲是一个唱歌能手，他曾经多次参加过市里的歌唱比赛，2001年在首届罗定市“十大青年歌手”比赛中还荣获第一名。

因为这是一个家庭才艺比赛，盘芯锐的父亲决定用《回家吃饭》这首曲来参赛。

“《回家吃饭》这首歌好！能突现‘家庭’这个主题。”盘芯锐想。她很爱自己的家，很爱自己的父母。在家里，她经常帮助爸爸妈妈做一些力所能及的家务活，如打扫卫生、择菜洗菜、洗衣服等。

接下来到了紧张排练的时候，这也是一个难题，因为爸爸要上班，盘芯锐要上学，所以他们只能利用周末来排练。

舞蹈老师给盘芯锐安排了一支中国舞来做伴舞，由于时间紧，一个周末下来，盘芯锐的脚都磨破了皮，但她还是咬紧牙关，坚持苦练。

小时候多么熟悉的声音
夕阳下妈妈焦急的脸
喊破了多少风和雨
在召唤一个玩耍的童年
……

家庭才艺大赛比赛那天，盘芯锐的父亲唱着深情动人的歌声，盘芯锐则围着爸爸翩翩起舞，歌舞承载着思念亲人的情怀，带着母亲的声声呼唤，他们动人地演绎了这首《回家吃饭》的春节归乡曲。

父女俩的精彩演出获得观众们的阵阵掌声，节目深得人心，大家都在为这对父女欢呼，《回家吃饭》在众多节目中获得了三等奖。

经过这次和父亲合作，盘芯锐知道，这个节目的成功是离不开家人的关心和合作的。“父亲的唱功非常棒，如果这次表演，我的伴舞更上一个层次的话，我俩的奖项会更高。”这次难忘的亲子合作节目更坚定了她一定要学好舞蹈的决心。

舞蹈不但锻炼了盘芯锐的身体，而且提高了她的意志品质。一路走来，累并快乐着，经过不断的努力，2016年她通过了北京舞蹈学院中国舞的七级考试。

威水史

2014年，在“幸福里杯”云浮市少儿才艺新星大赛总决赛中，获得少儿B组特等奖。

2014年，在第十五个中国记者节文艺汇演中，获得“最具魅力新星奖”。

2016年，在北京舞蹈学院中国舞等级考试中，获得中国舞七级证书。

2016年，获得“培英杯”少儿才艺电视大赛少儿组亚军。

2015—2016学年度，被学校评为“优秀少先队员”。

2016—2017学年度，被学校评为“三好学生”。

我向习爷爷说句心里话

习爷爷，让农村的孩子不用做留守儿童，让城里孩子不用做周末孩子吧！

自强好少年

少年儿童是祖国的未来，是中华民族的希望。这就是《少年中国说》中所说的：少年智则国智，少年富则国富，少年强则国强，少年进步则国进步。新陈代谢是不可抗拒的历史规律，未来总是由今天的少年儿童开创的。

——2014年5月30日，习近平同志在北京市海淀区民族小学看望少年儿童寄语

魏萧滟是个阳光女孩儿，虽然先天失聪，但她自强自立，告别了无声世界，她梦想做一名音乐教师，伴随着动听的旋律，迎接更加美好的未来。

魏萧滟：听障女孩的奇迹

深圳市蛇口育才教育集团一小五年级（8）班

自信的阳光女孩

魏萧滟的世界是静悄悄的。

当医生告诉妈妈她是一名一级听障的婴儿时，这对从事音乐教育的妈妈来说，简直无法接受，甚至认为是检查出错了。因为小萧滟的眼睛特别灵活，黑眼珠儿“滴溜滴溜”地转个不停，一点也不像失聪的孩子。

小萧滟的爸妈四处寻医，在她一岁半时给她戴上了助听器，通过在康复中心训练半年后，有一次看图片“花”时，魏萧滟忽然用胖乎乎的手指着图片，稚嫩地叫：“哇……”

这是一个奇迹。她不但听懂了，还发出了她人生的第一个音，她会说话了。妈妈激动地搂住女儿，喜极而泣。魏萧滟也高兴地抱着妈妈不断地说：

“哇……哇……哇……”

在准备踏入深圳市蛇口育才教育集团一小校门时，爸爸妈妈有点担心，因为在康复中心，身边的小朋友都跟魏萧滟一样是失聪的，大家都戴着助听器或耳蜗。可是到了小学，他们担心正常的同学们看到女儿的耳蜗，会取笑她。

后来，爸爸妈妈发觉自己的担心有点多余了。从来到学校的第一天开始，老师和同学就发现魏萧滟是一个热情、开朗的小姑娘。她开学的第一句话就让班主任殷老师感动得流泪。

当时，她微笑着站在课堂上，对同学们说：“我叫魏萧滟，我虽然有听障，但希望大家都爱我哦。”

真的，如果她自己不说，谁都看不出来她和其他孩子有什么区别，更何况魏萧滟的笑容和自信比任何孩子都阳光。

老师的发音气流

虽然魏萧滟5岁时就装上了人工耳蜗，经过艰苦的言语康复训练，已经能跟同学一起坐在学校的课室上课。可她的听力，毕竟与正常的同学有很大的不同，在学习上，她必须比正常的同学多付出好几倍的努力。

人工耳蜗在放大老师讲课的声音的同时，也放大了其他嘈杂的小声音，这带来了很大干扰。魏萧滟要更加专注地去看老师的口型、动作，甚至下课后还要找老师、找同桌，重复说一说上课的内容。

同学们经常看到这样一个奇特的情景：

下课了，魏萧滟走到老师跟前，重复地问老师的发音。为了发准音，她还会把小手伸到老师嘴边，去感受老师嘴巴发音时有时长、有时短、有时重、有时轻的气流特点，再把手放在自己的嘴边，去模拟老师发音的气流。

就这样一次一次地反复练习，直到发音准确，老师点头了，她才露出笑容，继续下一个音的练习。

在学习英语上，因为她听不清清辅音和浊辅音，不能马上就学会老师说的内容，于是她就在家里提前学习音标，像学习语文拼音一样，先把一个单词拼读起来，然后再背。

魏萧滟学习上的韧劲和不轻言放弃的精神，既感动了老师，也感动了同学们。

肩膀被拍红了

通过努力，魏萧滟听到了美妙的声音，她想把美妙的声音撒向人间，感谢所有人对她的关爱。

5岁开始，魏萧滟学习古筝。8岁，她又开始学习弹钢琴。她还是个小小舞蹈家。

因为听得费劲，每次学琴，都需要大量时间去练习。别人弹一个音准只要四五遍，而她需要二十几遍。有时候她一天要练琴4个小时，才能巩固学习的内容。

学习弹琴时在训练节奏方面非常困难，虽然有人工耳蜗，但是她听得也不是很清楚。这时候，老师和妈妈会用拍手、跺脚等大幅度的动作让她看到。她很聪明，很快随着动作的节奏踩着点，理解曲子节奏，并弹奏出来。

记得有一次，有个难一点的节奏，拍手和跺脚都无济于事了，妈妈干脆直接拍起了她的肩膀，让她感知节拍。

一下、两下，拍了百下千下后，妈妈感觉到魏萧滟几次眉头紧锁，甚至有时候还会咬咬牙。妈妈觉得不对劲，想暂停训练。可是魏萧滟抬起头笑了笑，又继续练下去。

当最后攻克了这个难关时，妈妈心痛地发现女儿的肩膀已经被自己拍红了。

魏萧滟自强向上，她的努力终于收获了丰硕的回报。2016年7月她受邀参加了在波兰华沙举行的第二届听障儿童、青少年与成人国际音乐节“利耳之声”国际大赛并获得金奖。2017年，她获得“童年星梦想”全国首届听障儿童才艺大赛最佳表演奖。

在活动上，魏萧滟见到了全世界很多和她一样失聪的小孩、大人，他们一起交流，放声歌唱，弹奏乐器，憧憬未来。魏萧滟认为音乐是悦耳动听的，人生是丰富多彩的，长大后，她不仅要成为一个艺术家，还要做一名音乐教师，伴随着动听的旋律，迎接更加美好的未来，创造更多的奇迹。

威水史

2013年，在第六届深圳“芳吟杯”古筝比赛中，获得幼儿业余组优秀表演奖。

2014年，在社会艺术水平考级中，获得中国舞五级证书。

在2013—2014学年度第二学期学校寒假英语绘本创作活动中，获得三等奖。

2016年，在第二届听障儿童、青少年与成人国际音乐节“利耳之声”国际大赛中，获得一等奖。

2016年，在深圳市第七届“LISZT杯”丽星邮轮国际器乐邀请赛中，获得儿童C组钢琴铜奖。

2017年，在“童年星梦想”全国首届听障儿童才艺大赛中，获得最佳表演奖。

我向习爷爷说句心里话

习爷爷，我真希望我们国家能研发出更多更先进的耳蜗，帮助像我这样失聪的孩子聆听到更美妙的声音。

苦难是人生的一本大书，读懂了它，就拨开了命运的重重乌云。

叶洁玲：一双小手撑起苦难家庭一片天

云浮市郁南县西江实验学校三年级（6）班

对年仅10岁的小女孩叶洁玲来说，苦难就像一片如影随形的乌云，时时笼罩在她的生活里。

命运多舛，7岁女孩早当家

她刚出生就遭亲生父母抛弃，成为一名无家可归的弃婴。好不容易在养父母的呵护下长到4岁，随着养母的去世、养姐的远嫁，只剩她与年迈的养父相依为命。

由于家里基本没有经济来源，叶洁玲和养父平时只靠一点低保金、养姐不定时寄回家的生活费，以及邻居的接济度日。

祸不单行。2014年，养父中风后导致右半身瘫痪，失去了生活自理能力和语言表达能力。当时年仅7岁、身材瘦弱的小洁玲，不得不用自己稚嫩的双肩承担起照顾瘫痪养父的重任。当同龄的小朋友还在父母的怀抱里撒娇时，懂事的小洁玲已默默地学着全力照顾养父，为养父撑起一片温情的天空。

照顾病父，像一个上足发条的陀螺

每天天还没亮，小洁玲就早早起床，像一个上足发条的陀螺，生火煮饭、烧开水……直到把早饭和温开水端到养父床前。

小洁玲吃力地把养父从床上扶起来，一口一口地喂他吃早餐，而她自己只能匆匆忙忙往嘴里胡乱塞几口粥，然后赶到学校上课。

放学回家，洗衣服、清理养父大小便、帮养父擦拭身子、喂饭喂药等繁重的家务，一件一件地让小洁玲忙个不停。

长期照料瘫痪病人的艰辛非常人可想象，对于年仅10岁的小洁玲来说，更是难以用言语描述。每当遇到养父因长期卧床导致排便困难时，小洁玲只能眼睁睁看着他在床上辗转反侧痛苦的样子，既着急又束手无策。

后来，在邻居大妈的帮助下，小洁玲学会了帮养父按摩、接便、洗擦身体，一套动作像护工一样熟练利落，有条不紊。

因为个子矮小，小洁玲无法帮助养父翻身，她就只能帮养父勤按摩四肢，勤擦身体，想方设法把养父照料得体体面面的。

坚韧善良，用孝心抒写人间大义

小洁玲终究是个孩子。有一次放学，她因贪玩看稻田里的青蛙，天色很晚了才跑回家。一进家门，就看见养父摔倒在床边，水杯饭碗打翻在地上，一片狼藉。

原来，养父见洁玲迟迟未归，口渴了，想挪到木板搭成的台上拿水喝，结果失去平衡，一下子整个人摔翻在床前。

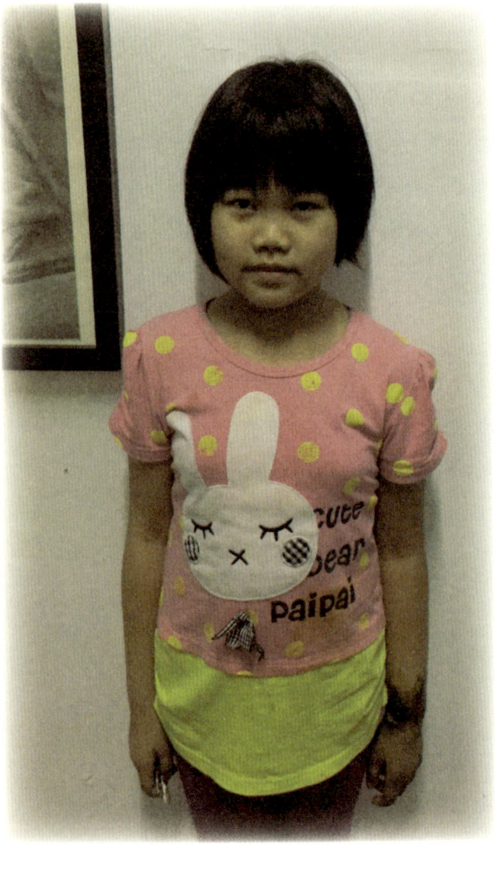

洁玲看到摔伤的养父，不禁流下自责的泪水。从此，洁玲加倍小心，时刻提醒着自己，照料养父，丝毫也不能放松。

长时间地陪护一个瘫痪病人，洁玲是那么孤独压抑，特别是当遇到养父心情烦躁不安无端责骂她时，小洁玲总是委屈地躲在一边放声大哭。

日复一日，面对着这个风雨飘摇的家和永远也做不完的家务，小洁玲也曾抱怨过命运的不公。但是，每当想起已去世的慈爱的养母，想起过去一家人温馨的情景，小洁玲明白自己就是养父的唯一依靠了，无论遇到多大的困难，都得咬牙坚持下去。

拨云见日，收获人间艳阳天

没有人能想到，当时在郁南县连滩镇上桥小学读书的小洁玲，面对生活的重压，居然做到了照顾好养父的同时，坚持每天按时上学，从不迟到，不早退。

她的班主任温老师反映，尽管受到家庭特殊境况等原因影响，洁玲学习成绩不算很好，但她比很多同学都勤奋刻苦。

尽管苦难不是财富，但是洁玲因此而坚强。和养父相依为命的日子，洁玲收获了人生最宝贵的精神财富：善良正直、乐观开朗、坚韧耐劳。

2015年，在各级政府部门和热心人士的帮助下，洁玲的养父被送往连滩镇敬老院，小洁玲也被送到郁南县福利院生活，还入读了全县最好的学校——郁南县西江实验学校。

在福利院里，时常能看见洁玲劳动的身影。她经常帮老爷爷老奶奶打扫卫生，还给小弟弟小妹妹讲故事，教他们识字。在学校里，小洁玲如饥似渴地全心投入学习，进步特别快。

苦难是人生的一本大书，小洁玲读懂了它，用一双稚嫩的小手拨开了重重乌云，换来了自己的艳阳天。她深深懂得要感恩，要学好本领，成为一个对自己负责、对他人负责、对社会负责的人。

威水史

书法作品在2016年学校学生对联·挥春作品评展活动中，获得二等奖。

2016 2017学年度第一学期，被学校评为“劳动之星”。

2016—2017学年度第一学期，被学校评为“优秀少先队员”。

我向习爷爷说句心里话

敬爱的习爷爷，我全靠党和政府，才能拥有一个崭新的快乐幸福家园。我想快快长大，能够帮助更多需要帮助的人。

我要用微笑对待生活中的一切困难，用自己的努力来回报大家对我的关爱，带着自信、阳光，果敢、坚毅地在成长的道路上健步前行！

王振宇：拥有电子耳朵的人

惠州市光正实验学校八年级（11）班

对于爸爸妈妈来说，人生最大的晴天霹雳莫过于在王振宇2岁的那一年，他们发现他是一个失聪的幼儿。

王振宇这样讲述自己的经历：

出生以后，我一直都不会说话，对外界响动，比如说烟花鞭炮等让小孩子特别害怕的巨大声响，我都能泰然处之——哈哈哈，完全听不见，肯定没反应啦。

妈妈说，第一次给我戴上电子助听器的那个晚上，天下大雨，电闪雷鸣，我被吓得哇哇大哭。这也算是个好消息，证明助听器对我起作用了，我能听到声音了。

自从我拥有了一对电子耳朵之后，我一下子从一个无声的世界进入到一个有声的世界。鸟鸣婉转，流水潺潺，歌声与音乐——世界原来还是一个美妙的声响大殿堂。

最重要的是，我可以开始学说话了。

2岁半的一天，我指着杯子对妈妈说："喝。"

妈妈高兴得眼泪直流，四处打电话告诉亲朋好友：我儿子会说话了！我儿子会说话了！

确实，我学习发音比其他孩子都要困难，在其他人看来发个"h"音是轻而易举的事情，可是对于听力障碍二级的我来说真的有些艰难。但是，我不怕，只要一遍一遍反复练习，不停地调整舌位与口型，坚持不懈就一定能成功。

我最不喜欢听人家说我是什么身残志坚之类的话，我觉得自己一点儿也没有残疾，反而是现代的高科技给了我一对电子耳朵，让我成了一个了不起的"半电子人"。

你看，我不是和所有健康的孩子一样，入读了正常的幼儿园，入读了正常的小学、中学吗？我现在还是班上的学习委员和英语科代表呢。

英语学习对我是个绝大的考验，那些发音黏黏糊糊的，比如“bread”“not bad”。我利用复读机，坚持一遍遍听读，而且还要对着镜子看着镜子中的口型来纠正自己的发音。我现在每天都站在讲台上，用我标准的发音大声地带领全班同学进行英语早读。

我觉得自己只是在做每一个孩子在成长过程中都应该做到的事情，可我身边的老师和同学们却给了我极大的荣耀：

2015年6月1日，这天是我终生难忘的日子。我非常荣幸地成为“中国少年先锋队第七次全国代表大会”的惠州代表，和班主任余桂方老师在北京人民大会堂见到了我们敬爱的中共中央总书记、国家主席、中共中央军委主席习近平爷爷，并与他一起合影留念。

在那次中国少年先锋队全国代表大会上，我还交到了许多好朋友，比如说小发明家朱彦臻，他是我们惠州的骄傲，我对他非常钦佩。

我自己也有一个梦想，就是成为一名“白衣天使”，让所有听力障碍的儿童都能康复。

为了实现这个梦想，我必须要努力学习，不断积累文化知识，以后才有可能攻克那些至今无法解决的医学难题，成为一个医德高尚、医术高明的大夫，为更多的人带来健康。

虽然现代化的高科技给了我一对电子耳，但是在漫长听力康复之路上我还是遇到了很多的困难。每一次困难出现，我的身边总是有很多双温暖的手向我伸来，为我提供帮助。

我得到了许多人的帮助——老师们、同学们、医生们，还有我的爸爸妈妈和其他亲人们……我衷心感激所有帮助过我的人。

所以，现在的王振宇，除了继续好好学习之外，还经常参加一些公益活动。他说他也要把所有人给予他的这份爱传递出去，传给更多需要帮助的人，让我们的世界充满爱意。

威水史

2015年，获得“全国优秀少先队员”称号。
2015 年，获得惠城区第二十一届“十佳少年”光荣称号。
2014—2015学年度，获得“广东省优秀少先队员”称号。

我向习爷爷说句心里话

习爷爷，我很喜欢踢足球，听说您小时候也喜欢踢，我可以约您踢球吗？

命运给了我一个比别人低的起点，它是在告诉我，让我用一生去奋斗出一个精彩的高点故事。这个故事关于独立，关于坚韧，不是水到渠成，而是有志者事竟成。

叶见雄：用自尊去证明自己

韶关市广东江北中学高一（15）班

“当你感到压力大，觉得不顺心的时候，就去逛逛菜市场吧，看看那些年迈的老人，严寒酷暑里，一小堆菜，一小堆水果，只为挣那几块几十块钱补贴家用，这时你所有的矫情和懒惰都会掉在地上，碎成渣渣……所以你没理由叫苦，更没资格不努力！”这是自强好少年叶见雄在微信中写下的一段自勉的话。

他是一个孤儿，很小就失去了爸爸妈妈，只能寄居在大伯家里。大伯是一个农民，没有多少收入，还常常酗酒，醉酒后就会骂人。

为了避免大伯的谩骂与指责，年幼的他非常懂事地在家里帮忙干家务和做一些力所能及的农活，村里面的人都夸他是个好孩子。

7岁，他开始上学了。别人家的小孩都是父母送去，唯独他只有自己。上学的路要走1个多小时，其间还要翻过一座山。他走啊走，走到山顶的时候，望下去，好高啊！好危险啊！但风景也是特别不同，可以让他看到更远更辽阔的地方。

书本与学校为他打开了新的窗口，让他知道了只要自己努力，就可以走向更广阔的新天地。

有时候，理想很美好，现实却很残酷。因为家里没有钱，交不起书本费，他的大伯不想他再去上学了，老师们虽然帮助他交上了当年的书本费，但是以后怎么办呢？10岁的他，决定自己打工挣钱，帮自己渡过难关。

暑假里，他找到一份帮人放牛的工作，每个月500块钱。

吃完早餐，他就和3个大人一起出去放牛。放牛的地方不远，只需要走十几分钟，但是要想把64头牛赶到那里去吃草，也不是一件容易办到的事情。因为通往放牛地的那条马路两边都是稻田，牛要是偷吃了农田里的水稻，他就会被扣工资的，所以，每当这个时候他总是特别紧张，跑来跑去，把牛看好，不能出一点失误。

夏日的野外，骄阳似火，即使是躲在树荫下，高温高热也让他汗如雨下。衣服汗湿、晒干，然后又汗湿。

到了中午，还要在野外煮饭吃。出门的时候，他们就是带着米和锅的，牛在吃草的时候，叶见雄就在野地里找野菜。野地里有很多可以吃的野菜，找这个他很拿手。

初去放牛，叶见雄没有在野外煮饭炒菜的经验。火很大的时候，野菜放进锅里一下就变黑了，他赶紧把菜弄出来，结果发现还没有熟，只能又倒回去，在锅里再翻炒几下。就这样，他学会了怎样在野外烧饭菜。

叶见雄说："牛儿们都是很听话的，它们在野地里无忧无虑地吃着草，哼哼着，感觉很享受的样子。而且，它们也很老实，会让我骑在它们背上。我轻轻拍它一下，它便会走，甚至会跑呐！最快乐的时候是收工的时候，我一吆喝，牛儿们立刻就会跑拢过来，好像知道该是回家的时候了。"

为了能继续读书，无论阴雨还是暴晒，每个寒暑假他都坚持做着放牛的工作。

他的大伯喝酒越来越严重，以至于出现动手打人的现象。回想当时，叶见雄说："我每天几乎都是以泪洗面，实在受不了了，情绪崩溃到极点。"

忍无可忍之下，小学一毕业，他就决定外出打工，搬出去住。

他租了一个很小的房间，全部的家具就是放在地上的一个床垫和一个简易布衣柜。他说："我那个时候特别绝望，对所有事情都没有了信心，完全是自暴自弃的状态，也做了一些傻事情。是我的老师再一次拯救了我，我非常感激他。"

叶见雄的老师对他说：你应该爱自己，因为没有人比你更需要爱自己，也没有人比你更懂得爱自己的重要性。

老师的话让14岁的叶见雄重新找回了自己，他决定用自己的骄傲和自尊去证明自己。在社会各界爱心人士的关心和帮助下，又经过3年的努力学习，他考上了韶关最好的学校——广东北江中学。

古希腊哲人彼亚斯说："一个不能承受不幸的人才是真正不幸的。"承受不幸是一种能力，来自坚强的意志；更是一种觉悟，来自做人的尊严；还是与身外遭遇保持距离的智慧；是超越尘世遭遇的信心。

叶见雄就是这样一个内心强大、自强自爱的好少年。他说："我希望自己将来能考上一所好大学，毕业后找一份好的工作，然后有能力回报那些帮助过我的恩人们。我将永远感恩帮助过我的人！"

威水史

2015 年，在广东省第十四届运动会中，获得学校体育组学生乙组第三名。

2015 年，在广东省第十四届运动会中，获得学校体育组学生乙组 6×800米接力赛团队第二名。

2015 年，在广东省第十四届运动会中，获得学校体育组田径项目“体育道德风尚奖”。

2016 年，在广东省中学生田径锦标赛中，获得男子 1 500 米第三名。

2016 年，在广东省中学生田径锦标赛中，比赛成绩获得运动等级二级认证。

我向习爷爷说句心里话

习爷爷，您好！我是一名孤儿，非常不幸，生活艰苦，但我也非常幸运，因为有社会各界爱心人士的关心和帮助。我会好好学习，待到学有所成，也去帮助需要帮助的人，我会永远感谢帮助过我的人。

虽然命运给你一片黑暗，但你自己造了一枚太阳，照亮自己，温暖别人。

虽然生活给予你许多磨难，但你仍深信，未来充满光明，人生绽放如花。

杨双妃：追赶太阳的孩子

梅州市特殊教育学校聋高一级

杨双妃至今还记得那些夜晚，躺在妈妈的怀抱里，听着她哼出的摇篮曲。那曲子很轻柔，听得人像上了月亮一般舒服。这时，有风从耳畔掠过，像仙子的耳语。夏夜，蛐蛐的鸣叫，小鸟的呢喃，还有那暴风雨的狂啸，都那么地震人心魄。这是大地的语言呀，这是宇宙的诗篇呀！可惜，在3岁的那一年，一次病痛夺去了杨双妃聆听的权利，世界在她面前彻底沉寂，而她的人生轨迹也彻底改变了……

为了让小双妃重新获得听说能力，爸妈倾尽全部家财，带着她四处求医。可是，他们竭尽全力也无法让听力重临女儿身上。爸爸无法面对巨大的经济压力和残疾的女儿，选择了逃匿，从此在这个苦难的家消失了。

命运有时就是这样地考验人，爸妈离婚后不久，妈妈又下岗了。家庭生活的担子全在妈妈一个人身上，为了支撑这个家，妈妈早出晚归。因为无法分身看管女儿，妈妈只得把饭做好，把双妃锁在狭小的出租屋里。晚上妈妈回到家，先赶忙检查双妃有没有受伤，然后拿着镜子，指着小木板上的字教她说话认字。

长期超负荷劳动加上营养不良，妈妈的身体终于顶不住了。地中海贫血导致妈妈经常头晕，手脚冰冷，而且还患上严重的胃溃疡。这时候杨双妃已经上学了，懂事的她每天一回到家，就包揽了全部家务。为了让妈妈全身血液流通，她还按照医生的指导买来草药熬成药油，每天早、中、晚定时帮妈妈按摩。有时，妈妈在女儿的爱抚中不知不觉睡着了，双妃看着妈妈熟睡而衰老的面容，感到既心疼又安慰。为了缓解妈妈因胃溃疡带来的饮食不便，双妃在煮饭时特意多放点水，把青菜和瘦肉切得细碎易食，每天还按时倒好温水提醒妈妈吃药。很多时候，妈妈搂着双妃瘦小的身体泪流满面，命运把这苦命的女人推向黑暗的深渊，但身边这位知冷知热的好女儿却是她生命的太阳，时刻温暖着她，给她活下去的希望。

杨双妃也曾哭过、挣扎过：“为什么我与别人不一样？我是一个聋哑人，就像一个被抛弃的废人一样，寂静的世界没有一点声响。”但是妈妈告诉她，人不能只看表面，只要内心坚强，心地善良，就是一个真正的健全人！是啊，妈妈就是一个好榜样，她从不畏惧任何困难，不埋怨不放弃，用自己瘦弱的身体为双妃撑起了一个温暖的家。

妈妈的言传身教告诉双妃要勇敢面对生活中的一切困难。所以，双妃虽然不能用语言自由表达自己的喜怒哀乐，但她并没有屈服，她选择了指尖上的舞蹈——手语，作为自己一生的挚友。

无声的世界里，色彩让双妃寂静的生活变得鲜明、充实、喧闹起来。在学校，她跟随同样是听障人士的洪向兵老师学习绘画，老师从构图、线条、颜色等各方面手把手地教她。渐渐地，双妃发现仿佛有一轮红日从生活深处冉冉升起，她有了一个新的追求，生活从此变得缤纷起来了。

2010年，“迎亚运·粤港青少年儿童美术书法摄影大赛”向全社会征稿。这时候，已经有了一定绘画基础的双妃想起了小时候妈妈为了治好她的病，几次借钱带她去广州大医院求医的事。虽然病没治好，但是繁华的大都市却在她脑海中留下了深刻的印记。熙熙攘攘的人群生机勃勃，高楼大厦鳞次栉比……当时，她多想妈妈带她去广州的动物园好好玩一玩啊！可是她明白妈妈囊中羞涩，来广州只为治病。于是她一直梦想着长大后能通过自己的努力，挣了钱，再带妈妈来省城好好逛一逛。就是怀着这样的深情，双妃用笔描绘了记忆中的广州，最后，这幅作品《广州游》荣获进入总决赛的资格。

一个对生命怀着热切盼望的人，有口却不能言，这是何等的痛苦？童年时她曾经梦想成为一名小小歌唱家，可以站在家乡的小山坡自由高歌，梦想不能实现，是何等

的绝望？但是，杨双妃并没有向命运屈服，因为她手中还有一支笔。在广东省残疾人联合会举办的第五届广东省残疾人艺术作品大赛中，杨双妃的作品《绽放出花朵的女孩》荣获绘画类优秀奖。

“绽放出花朵的女孩”，这画名多么贴切！它凝聚了双妃所有的追求和梦想，简单的几个字，就是她人生的缩影。甜美的女孩蜷曲着身子，在梦中微笑，不管外面风吹雨打，梦里花朵毅然绽放，生机勃发。这就是杨双妃，虽然生活给予她许多磨难，但她仍深信，未来充满光明，人生绽放如花。

威水史

2008—2009学年度，被评为梅州市品学兼优中小学生。

2010年，作品《广州游》获得“迎亚运·粤港少年儿童美术书法摄影大赛”总决赛资格。

2011年，作品《党的旗帜》获得“广东省少年儿童美术书法摄影活动”一等奖。

2013年，在第八届全省残疾人艺术汇演中，获得舞蹈类优秀奖。

2016年，在第五届广东省残疾人艺术作品大赛中，获得绘画类优秀奖。

2015—2016学年度第一学期期末考试，获得学科总分班级第二名。

我向习爷爷说句心里话

敬爱的习爷爷，虽然我听不见您说的话，但我天天从新闻里看到您忙碌的身影，您在我心中一直那么亲切、令人景仰。希望有一天，我能亲口说一声：习爷爷，祝您健康长寿！

只要你自己不倒下，就没人能让你倒下。只要你自己不认输，就没人能打败你。

谭俊杰：战胜病魔，赢得胜利

清远英德市大湾镇中心小学四年级（7）班

小小少年谭俊杰的愿望非常微小：希望自己能和其他孩子一样，每天高高兴兴地走路去上学。

命运却与这个少年开了个玩笑，因他自小患有“脆骨病”，像走路、跑步这些对于每一个孩子来说轻而易举的事情，他却必须小心翼翼处理，才能避免产生骨折这样巨大的伤害。

谭俊杰出生于一个普通的农民家庭，家住大湾镇兴隆街。爸爸在佛山工作，妈妈在家附近的一个制衣厂工作，家境虽然并不富裕，却是个幸福的家庭。

2015年，三年级的一次体育课上，他因右大腿骨折被送往医院。经过近一个月的治疗和妈妈的精心照顾，他开始慢慢地可以行走了。

本以为很快可以恢复正常生活，谁知天意弄人，在同年年底，他又一次因骨折住进了医院。这一次却留下了右腿行走障碍的后遗症，生活难以自理。

医生与他父母的谈话给这个原本幸福快乐的家庭罩上了阴云——爸爸愁眉不展，妈妈伤心落泪。他们不敢相信自己的孩子会有这样的遭遇。

他也哭着问爸爸妈妈：“我以后是不是好不了？是不是残废了？我以后都不可能走路了吗？”

爸爸为了更好地照顾他，辞掉了佛山那份高薪的工作，回到他的身边，鼓励他说：“傻孩子，怎么会呢，这只是暂时的，你的腿一定会好的，不要灰心，做人不能遇到挫折就放弃，一定要克服困难勇敢地面对。”

2016学年（四年级上半年）的第一学期，他没有能力到学校上课，父亲就在家辅导他。

凭着自己的意志和努力，在坚持康复锻炼的同时，他坚持完成每天的学习任务，认真做好所有作业。他说："爸爸妈妈对我的期望很大，我不能让他们失望，一定要坚强起来，战胜病魔，好好学习。"

到了期中、期末考试的时候，他央求爸爸背着他去学校参加考试。他在考试中取得了良好的成绩。

2016学年下学期，他的病情有所好转，但还是不能正常走路，他请求父亲每天都送他去上学，送他到课室里。

他说："我害怕自己学习跟不上，就要求爸爸每天来回两次背着我上下学，风雨无阻。我深知爸爸很辛苦，也明白这会影响到爸爸正常工作。爸爸说，只要是为了我，他做什么都是乐意的。所以我对自己说，一定要认真上课，好好学习，不辜负他对我的期望。功夫不负有心人，前不久的期中考试，我还拿到了奖状。"

谭俊杰经过不间断的康复锻炼，现在已经取得了一些效果。"现在在家我可以自己慢慢地走动了，有时候我还会帮妈妈做些简单的家务活。爸爸妈妈都为我感到骄傲。阳光总在风雨后，我坚信我一定能最终战胜病魔，赢得胜利！"

谭俊杰的认真与坚持让很多同学感动，他勇于战胜疾病、乐观向上、自信自强的人生态度值得每个青少年学习借鉴。

威水史

在 2013 学年第一学期期末考试中，获得数学科第一名。
在 2013 学年第一学期期末考试中，获得语文、数学总分第一名。
在 2015 学年第一学期期末考试中，获得英语科第八名。
在 2015 学年第一学期，被学校评为“三好学生”。

我向习爷爷说句心里话

习爷爷，虽然我因为身体的原因，在生活和学习上遇到了很多困难，但是每次从电视上看到您那坚毅的目光，我就会感到浑身充满了力量，有了战胜一切困难的勇气！

我没有体会过父母对我贴身的关爱，但是，我能感受到他们对我有种浓浓的爱。其实，一个人的处境即使再糟糕，通过持之以恒的努力付出，也可以成就一个强大的自己。

何慧芳：稚嫩肩膀支撑出的一片天

茂名市七迳镇中心小学六年级（1）班

在中国有这样一个特殊的孩童群体：他们的父母为了生计双双外出，去到繁华都市打工，用辛勤的汗水获取家庭收入。由于在城市中收入有限，父母没有能力带着他们一起生活，所以他们只能留在农村的家里，与年老的祖父母相伴。

何慧芳同学就是这样一个留守儿童。

在她5岁的时候，她的爸爸妈妈就到外地工作了。每年只有到过年的时候，她才能看到父母一回，和父母短暂相聚十几天，然后又分开。

孩子小，父母不在身边，爷爷奶奶很疼爱她，总是尽力照顾呵护她。

但是，奶奶有严重的腰痛病，发作的时候，整个人都不能直立。家里还有一些农田，爷爷需要去播种、除草，天天忙个不停。

十分乖巧懂事的小慧芳，非常心痛奶奶和爷爷，虽然年纪很小，做不了什么事情，但她总是尝试着帮忙。

到7岁的时候，扫地、拖地、洗衣服、洗碗、洗菜、淘米、擦桌子……好多家务，她都会做了。

2016年，爷爷在田里干活的时候摔倒，膝盖严重损伤，需要住院治疗。奶奶要照顾卧床的爷爷，还要照顾田里的庄稼。

何慧芳不忍心看着奶奶忍住腰痛，弯腰驼背，忙里忙外。她一早起来洗碗，扫地，煮粥后再去学校；中午回家洗完衣服，跑到医院给爷爷送饭，然后再去学校；晚上去买菜、做饭，还要写作业……虽然家务繁多，但她还是竭尽全力承担着。因为，未满11岁的何慧芳觉得自己已经长大，完全可以反过来照顾爷爷奶奶了。

有人形容留守儿童是“像野草一样地成长”，孩子因为没有完整的亲情，得不到父母的关爱而变得孤僻、抑郁，甚至有一种被遗弃的感觉，这将严重地影响到孩子心理健康的发展。

何慧芳也说：

“不知道什么时候，我会突然感到茫然无助，不堪一击。这是离开妈妈羽翼呵护的恐惧，还是没有人陪伴时候的孤独？我要克服这些负面影响，相信梦想是让我起跑的动力；坚强、独立可使我跑完全程。

“成功需要坚强的努力，失败需要坚强的克服。你自己不勇敢，就没人替你坚强。天再高又怎样呢？只要我们踮起脚尖，不是就能更接近太阳嘛！”

在家里，何慧芳是尊敬长辈、勤劳体贴的好孩子；在学校，何慧芳是品学兼优的好学生。

从入学开始，她就严格要求自己，养成了良好的阅读和学习习惯。她学习中善于开动脑筋，勤于思考，乐于钻研，学习成绩常常名列前茅。在班里她被同学们推举为学习委员；作文也写得生动形象，常常在校园内参加征文活动比赛；书写字迹工整、清晰、美观……

她是同学们学习的榜样，也是老师的得力助手。

这就是开朗乐观、阳光向上的何慧芳，小小的年纪，柔弱的身体，却总是想用自己稚嫩肩膀帮着大人一起支撑出一片天。

她说：“从5岁一直到现在，我领略了什么叫独立，什么叫自己的事自己做，什么叫自强。以后，我还会继续加油的！”

威水史

2014—2015学年度，被评为茂名市“优秀少先队员”。

2015—2016学年度，被评为茂名市“优秀少先队员”。

我向习爷爷说句心里话

习爷爷，谢谢您为中国的发展所做的一切，您为了使祖国的未来更加美好而日夜奔波，您辛苦了！

父母病残，奶奶老弱，她要照顾家中的三位长辈。

李玉清：寒门女孝星

广州市从化区第五中学高一（2）班

母亲的“理发师”

四年前初夏的一个晴天，李玉清兴奋地对母亲说：“妈妈，我们到外面晒太阳吧！”

母亲狐疑地抬起头，望着女儿，她支吾了一下，嚅嚅地说：“好吗？”

“好！”李玉清脸上一亮：“妈，你整天待在家里，少见阳光，对身体不好。晒晒太阳，人的心情也阳光一些呢。”

母亲松了一口气，心里亮堂了：“好啊！”

一辆轮椅缓缓地从破旧的房子里被推出，轮椅上坐着不良于行的母亲，李玉清在后面推着。

晒着初夏暖暖的阳光，常年困在阴暗房子里的母亲愉快地四处张望。当看到别人家的小孩子在随意玩耍时，母亲的心情又变得不好了。她怜爱地回头望了望女儿。

李玉清知道母亲在想什么。

李玉清出生在从化吕田一个淳朴的小山村里，同时也成长在特殊家庭里：父母都是残疾人，父亲从小下巴就长着一块硕大的肿瘤，不能干重活；母亲从小双腿残疾不能站立。家里平时就靠奶奶撑起这个家。现在奶奶年纪越来越大，走路都要依靠拐杖。家里每个月靠领取低保过生活，家徒四壁。在李玉清六七岁时，大部分同龄小朋友还过着衣来伸手饭来张口的幸福生活，抱着刚买的各种新款玩具，而她却要做一些力所能及的家务，淘米、煮饭、切菜、打扫房子等。一直以来，她都要照顾父母，送饭到母亲身边，帮母亲擦拭身子，按摩不断萎缩的肌肉……

“妈妈肯定又嫌贫困的家庭拖累了女儿。”李玉清不想母亲沉湎在悲伤里，“妈妈，我帮你理发吧。”她看见母亲的头上又多了几根白发，头发也长及腰部了。

“好啊。”母亲笑了。

李玉清带母亲回家，她当起“理发师”帮母亲剪了个短发。“希望母亲过个舒服的夏天。”对于李玉清来说，母亲的舒适就是她的幸福。

“轮到我照顾奶奶了”

“奶奶，我帮你擦活络油吧！”一天晚上，见奶奶准备睡觉，李玉清急忙对她说。

“我没事，你早点休息吧。”奶奶知道李玉清从放学后就一直帮自己做家里的活，她不想让孙女太辛苦。

“来吧！”李玉清把活络油倒在手心，招呼着。

奶奶每晚都腰痛得睡不好觉，但她不想让李玉清知道，刻意压抑着自己的痛，实在忍不住了才会闷哼几声。

李玉清边帮奶奶按摩，边跟她聊聊天。她们回忆起很多以前的事情，比如小时候李玉清是多么调皮啊！几乎每天晚上都弄得奶奶没睡好，可是一大早奶奶还是要起床打理家里的大小事务，而她却在床上呼呼大睡。

“现在我长大了，轮到我照顾她了！”每当李玉清看到奶奶的满头银发，每一丝都像是为照顾她而烙下的伤痕，历历在目，她的心里充满了愧疚和感激。

为省点钱，自己动手收割水稻

四年前，奶奶得了重病，行动不便，家里的支柱一下子垮了，这对一个贫困家庭来说，更是雪上加霜。自从奶奶生病后，李玉清就开始打理家里的菜地和田地。每天早上太阳还没升起，路上还冷冷清清的时候，她就起床到菜地里除草、浇水。不幸的是，由于遇到几次水灾，菜都被淹死了。虽然有时想过放弃，但想着这是奶奶的心血，她便又舞起锄头重新播种。

近些年来，农民种植的水稻成熟后，大多数都用收割机来收割。虽然收割机的费用不是很贵，但想着能省就省，李玉清便和哥哥顶着烈日，汗流浃背地在田里收割水稻。

两兄妹为减轻奶奶的负担，从小就跟着奶奶下田干农活，为的只是让年迈的奶奶不那么辛苦，为的是给家里减轻一点经济负担。

李玉清眼神坚定地对哥哥说：“再苦再累我们也会挺过去的！”

文明路上的孝星

李玉清的家庭收入主要来源是一千多元的救济金，生活的困难不言而喻。邻居英姐说：“李玉清很小的时候就会帮家人做家务，看见她在寒冷的冬天洗衣服，真叫人心疼。”周围的邻居都对李玉清的孝顺赞不绝口，称她是个懂事的乖孩子。

百善孝为先。李玉清的事迹，在村里在校园里广为传颂，大家都纷纷竖起大拇指夸她，都为她的精神而感动。2016年，李玉清获得了从化市建设美丽从化征文比赛三等奖和“广州市美德少年”荣誉称号。

“我坚信，困难是暂时的，只要不放弃，勇敢面对生活，残缺的家庭也能拥有美好的明天！”李玉清这样说。她努力学习，积极面对生活，孝顺、善良，如同文明路上的一颗孝星，照亮身边的每一个人。

威水史

2016年，在从化区举行的“共创文明城市”征文比赛中，获得三等奖。

2017年，获得学校“自立自强之星”光荣称号。

我向习爷爷说句心里话

亲爱的习爷爷，您好！我知道您在为中国亿万个家庭的幸福不断努力，但也希望您能为自己着想，注意身体，多陪陪彭奶奶，祝您生活愉快！

家乡的山水啊，请你做证，我要做命运的主人，我要爸爸的病痊愈，我要实现我的梦想！

林婷钰：让山水做证

河源市和平县浰东学校九年级（2）班

和平县长塘镇暖水村，因村里三口池塘日夜向外涌暖泉而得名，距离长塘墟集有5公里多，林婷钰就出生在这样一个小山村。相信在很多人眼中，她是个苦命的孩子，妈妈离家了，爸爸得了精神病，爷爷奶奶70多岁了，愁云惨雾笼罩着这个苦难的家。但她始终对未来充满自信，并顽强拼搏，要通过自己的努力改变现状。让我们通过林婷钰的一天生活，来看看她是如何走这条命运为她设计的路的。

早　上

虽然今天是放假，但林婷钰像听到学校起床铃声那样，准时睁开了眼睛。她没有像其他幸福孩子那样赖在床上，等着妈妈煮好早餐来叫她起床，而是马上爬起来，走到厨房去，为爸爸、爷爷、奶奶煮早餐。因为在她4岁时，父母离婚，妈妈出走了。她不再是一个有人疼爱的娇娇女，她必须像大人那样，撑起这个风雨飘摇的家。

现在正是农忙时间，家里有4亩薄田，年迈的爷爷奶奶还要下地干活，她必须为爷爷奶奶做好饭。煮着饭，她又开始帮爸爸洗衣服。这时候，她听到有声响，那是爸爸起床了，得赶快给爸爸吃药！

原来，妈妈离家后，一家四口的生活重担就压在爸爸一个人身上。爸爸拼死拼活地挣钱，却因为扛不住这巨大的生活压力，患上了间歇性精神分裂症，平时看像个正常人，一到发病时，就不停说胡话，眼神呆滞，还常在村里来来回回、漫无目的地游荡。如今不要说工作，就是生活也不能自理。

此刻爸爸正在发脾气，不用说，又犯病了。说也不是，哄也不是，婷钰想起自己发明的“音乐疗法”，开始放音乐给他听。今天放的是班德瑞的音乐，那音乐如风在林子掠过，如海浪轻拍海滩，爸爸在这熟悉的乐声中慢慢平静下来了。

婷钰舒了一口气，开始打扫卫生。她一边打扫一边轻声哼着歌。正值花季年华的林婷钰平时很喜欢唱歌跳舞，她的梦想就是考上一所好的音乐学院，学到更多的音乐知识，成为一个音乐老师。

忙了一上午，又到了煮午饭的时间了，爷爷奶奶也该回来了。他们已经70多岁，因为爸爸有病不能干活，下地这样的重活还落在老人身上，想着都叫人心疼。所以婷钰必须把家里的一切活都干了，不能让爷爷奶奶再操心。

下　午

大暑天时下午的太阳很毒，没法下地干活了。可家里的菜园子得管呀，所以在午后，林婷钰就和奶奶来到菜园种菜，除草，浇水。“婷呀，明天是墟日，早点起来摘些青菜拿些鸡蛋到镇里卖了换点钱。”奶奶一边除草一边说。“好呐！”婷钰快乐地答道，干得更欢了。

“哎哟，好乖好孝顺的婷婷哟，又帮奶奶干活啦！阿婆你真有福气！”邻家的婶婶路过，看着婷钰坚强的身影忍不住称赞她。

“是呀，是呀！孙女长大了，懂事啊！”奶奶脸上笑得像朵向日葵。自从媳妇

离家，儿子得病，奶奶的生命天天都乌云密布，只有婷钰，才是她心头的阳光，如今婷钰更是她在乡亲们面前的骄傲。

菜园的事忙完了，婷钰要回家对爸爸施行“音乐疗法”了。原来，婷钰爱唱歌，学校音乐室里经常能听见她的歌声。有一段时间，她惊喜地发现，在父亲发病时，给父亲哼唱学校教的一些流行音乐，烦躁的父亲有时会安静下来，静静地听着。她形容这是“音乐疗法”，她尽可能学会唱更多的流行歌曲，唱给父亲听。如果这个“疗法”有效，说不定爸爸的病能痊愈呢。

晚　上

吃完晚饭，婷钰觉得爸爸今天的精神状态不错，或许是她发明的“音乐疗法”开始见效果了，她决定乘胜追击，邀请爸爸到外面走走。

山村的夜晚，寂静安详。吃过晚饭的乡亲们或许都在看电视，婷钰轻轻地哼起她在学校学到的一首粤语流行曲，哼着哼着，她发现爸爸对这曲子有了反应，竟跟着哼了起来。她心里一阵狂喜：“爸，你会唱？”

爸爸茫然地望着女儿，慢慢地，他叫了起来：“婷婷……”

爸爸记得女儿了，爸爸还会唱什么歌？婷钰想起爸爸没犯病时喜欢粤语流行歌，特别是来自香港的。“爸爸，你会唱哪首？《万水千山总是情》？”

婷钰在爸爸耳边唱：“莫说青山多障碍/风也急风也劲/白云过山峰也可传情……”爸爸竟然唱起来了：“莫说水中多变幻/水也清水也静/柔情似水爱共永/未怕罡风吹散了热爱/万水千山总是情/聚散也有天注定/不怨天不怨命/但求有山水共作证……”

父女俩的歌声虽然是轻轻的，但在婷钰心中唤起了巨大的回响：爸爸的病有希望了，亲情是可以战胜一切的！激动的浪潮澎湃着，这个曾经被巨大的苦难紧压着的女孩，多么想对着群山大声宣告：聚散也有天注定，我不怨天不怨命，但求有家乡的山水共做证，我林婷钰要做命运的主人，我要爸爸的病痊愈，我要实现我的梦想！

威水史

2016年，被评为“河源市道德模范”。
入选2016年第二批“河源好人”名单。
入选2017年第一季度“广东好人”名单。

我向习爷爷说句心里话

习爷爷，您好！您每天操劳国家大事，关心人民群众，让我们国家越来越强，科技越来越发达。谢谢您！我会好好学习，长大做个对国家有用的人。祝习爷爷身体健康！

怀着理想与抱负，一步一步踏踏实实地走。路在脚下，我在路上。

郑鹤淼：未来领袖的风范

揭阳第二中学高二（8）班

郑鹤淼是揭阳第二中学的学生会主席，可以说是一个经常“出镜”的人，可是他却说自己是个“直率却容易害羞的男生”。有可能吗？从小学一年级戴上红领巾那一刻起，从当入队仪式的司仪开始，他就当干部，一直当到高中的揭阳二中学生会主席，整一个领袖的“胚子”，还会害羞吗？不过，我们从他对自己的评价：“处事冷静沉着，能够以集体利益为重，做事严密，对于不妥的地方敢于直言。”可以看出，郑同学真的好有“领袖风范”。

回忆小学：第一次“顶撞”老师

郑鹤淼从小学一年级开始就当班长，第一次在全校活动露脸是担任中国少年先锋队入队仪式的司仪。

“站在上面的时候不用紧张，老师在下面看着你，你能做好的。”卢郁丹老师牵着他的手走上演讲台。

“嗯，老师。”第一次出场的郑鹤淼竟然没有一丝惧怕。站在演讲台上，他响亮地说：“……我决心要好好学习，努力工作，长大为祖国做贡献！”说罢，还中规中矩地向着身后的五星红旗敬礼。在场的老师被他的萌态弄笑了：“好苗子！”

接下来的6年，郑鹤淼茁壮成长，参加各种比赛，取得优异成绩；带领同学去当志愿者，获得大量好评；无论老师交给他什么任务，都会百分之百地完成。逐渐，郑鹤淼以工作态度良好、效率高、为人处世拿捏得当等特点，在全校打响了知名度，几乎所有老师、领导都认得他。2011年，他被评为“榕城区优秀少先队员”。

五年级时，郑鹤淼被学校邀请在每周四广播会领导讲话中作为学生代表发言。本来，作为一名小学生发言，老师应该指导他发言的方向，而负责广播会的老师却直到会前15分钟，才要求鹤淼马上根据主题把接近500字的稿子赶出来。“老师，很抱歉我做不到。”鹤淼冷静地说。“为什么？现在主题都已经给你了，你不会写的话不会早点说吗？校长就要来了，广播会也要开始了，我看你待会儿怎么圆场。”那是他第一次顶撞老师：“老师，明明就是您做错了！如果您早点跟我说，如果您现在能帮我想怎么处理而不是一直逼我，我想我会非常荣幸非常乐意写一篇好稿子完成这次广播会。不过，您没有。”说完，他夺门而出，回到自己的班级。

广播会开始了！那熟悉的充满磁性的声音，是林副校长！广播会照常进行，只是少了学生代表发言的环节。事后，并没有人再过问此事。下周的广播会鹤淼照常去演讲，老师还是那个老师，只不过他说话没有再和之前一样咄咄逼人了。老师在一个正直的、坚持原则的学生面前有所醒悟了。

回忆初中：实话实说

初中，升上揭阳真理中学， 入学短短3个月，就进入校团委负责协助处理团务工作。凭借着对老师布置的工作完成得质量好、效率高和出色的工作能力，郑鹤淼依然是“风云人物”。

2012年12月，“预防艾滋病”的主题活动，郑鹤淼被选为学生代表进行国旗下演讲。站在迎风飘扬的五星红旗下，面对台下 3 000 多人，鹤淼依然那么淡定：“尊敬的老师，亲爱的同学们，大家上午好！我叫郑鹤淼……”演讲完毕，台下响起雷鸣般的掌声。退场后，在旁的民生热线记者拥了上来：“同学，不用紧张，我们就采访你几个问题，你可以先想一下，想好了我们再开始。”面对黑漆漆的摄影机，鹤淼并没有那种扬扬得意的感觉，倒觉得是在和记者姐姐聊心里话。“你的一天都是怎么安排的？”“你有什么好的学习方法或是学习心得分享给别人吗？”“你对你自身的要求是什么？”鹤淼没有用浮夸的辞藻表达自己，而是实话实说：“我早上6点起床，煮粥后洗漱，然后背一会儿英语或者语文诗词。到差不多7点就可以吃，吃完走路来上学 。”“我对自己的要求就是能吃能睡，身体健康比啥都重要，读书尽力了就行。”这话说得像个普通同学似的，丝毫没有亮点。可是，鹤淼觉得自己就是一名普通学生，他做的事是同学们都在做的。这就是“领袖”应有的谦逊。所以采访过后，记者姐姐微笑着给了他一个大大的赞。

高中：学生会主席身先士卒

2015年9月，郑鹤淼以全校第三名的成绩进入揭阳第二中学读书。第二年，担任新一届学生会主席。

学生会主席是真正的学生领袖，带领同学走向社会，服务社会，彰显当代中学生风采。2017年3月，揭阳二中为积极响应市里“创文”活动，学生会组织了一支20多人的学生志愿者队伍走上街头，清洁自己的城市。作为学生会主席的郑鹤淼，他任命宣传部部长为校外队长，劳动部部长为校内队长，队员按照劳动量分配，而自己却是作为一名校内队员进行校内清洁工作。

3月下旬的一天放学后，郑鹤淼和几个同学组成一个小组，负责教学楼墙面的清洁工作。“我刮上面的，下面的你们来。”“把刮刀递给我。”“麻烦你把这儿擦干净。”……郑主席“身先士卒”，把最难的留给自己，和同学配合默契。为保证校内外活动开展的顺利进行，他一边工作一边不时地与负责校外的同学了解情况。他们的高涨热情得到了附近居民的一致好评，一位老奶奶笑得咧开了嘴，这一幕被小记者们抓拍到了。

郑鹤淼一直说自己并不是最优秀的，他从没有想去过分地展现自己的能力，认为自己需要做的，就是带领同学们，为了共同的目标一起努力。其实，作为一名领袖，不需要虚张声势，不需要好大喜功，坚持原则，脚踏实地，就是最有实力、最有号召力的。

威水史

2011年，被评为“榕城区优秀少先队员”。

2015—2016学年度，被评为校级中学优秀团员、优秀基层团干部。

我向习爷爷说句心里话

亲爱的习爷爷，自从您的“习式反腐”实施以来，许多贪官污吏纷纷落马，实在是大快人心。习爷爷，我期待这种“有腐必反”的态度能够一直坚持下去，希望我们中国越来越富强，未来更美好。

2017年

第二届“最美南粤少年”

提名奖

美德好少年

陈洋，14岁，现就读于潮州市韩山实验中学701班，是班里的副班长。他积极参加学校组织的“把爱传出去——为贫困山区的孩子送去温暖学雷锋志愿服务”“小义卖，献大爱——为登塘白水小学基金募集善款”等主题教育活动；他是学校的小义工，经常给弟弟妹妹当阅读小义工传递爱心；2013年，他被评为市直学校学雷锋标兵；2014—2015学年度，他被评为潮州市“十佳少先队员”和“广东省优秀少先队员”。

威水史

2017年，在第九届全国中学生数理化学科能力·解题技能展示活动中，获得广东省七年级数学学科二等奖。

2017年，在第十届IEEA国际英语精英赛（中国区）选拔赛初赛中，获得广东赛区中学A组二等奖。

2017年，在第十二届全国青少年冰心文学大赛预赛中，获得三等奖。

杨聪，19岁，现就读于河源市源城区埔前镇第一中学九年级（3）班。他热爱生活，关心他人。在家里，每当爸爸妈妈从地里干完活回来，他都会主动给爸妈做好饭菜；每天给弟弟做饭，哄弟弟睡觉，陪弟弟玩；经常帮助邻居浇菜、打水、做饭、扫地；在学校，他是老师的得力助手，每次班里大扫除都少不了他的身影，每次评选班干部时，他都会被同学们推荐为劳动委员。2016年，他被评为广东省“孝老敬亲好少年”。

威水史

2016年，在源城区中小学生田径比赛中，获得初中组男子1 500米项目第二名。

李瑶，18岁，是梅县教师进修学校的一名幼师学生。她是学校学生会宣传部部长，班里的文娱委员，还是一名光荣的志愿者。学校平时组织的志愿活动，她都会踊跃参加。她喜爱唱歌，经常参与公益演出，为爱献唱。在志愿活动中，她用自己的歌声给人们带去欢乐，并努力用自己的力量带动更多的人参与公益活动。

威水史

在2015—2016学年度第二学期学校的“5.25”心理健康活动日手抄报比赛中，获得三等奖。

在2015—2016学年度第二学期学校的“电脑打字比赛”中，获得一等奖。

在2015—2016学年度第二学期学校的“粉笔字比赛”中，获得一等奖。

2016年，在梅州市第二季“涯系歌手”大型歌唱比赛中，获得“优秀选手”称号。

张家源，12岁，韶关市乳源县第一小学六年级（7）班学生。他从小懂得感恩，热爱劳动，孝老爱亲。父母亲工作繁忙，他主动打扫屋子，为家人做饭、盛饭、洗刷锅碗。为了减轻爷爷奶奶颈椎增生疼痛，他经常帮爷爷奶奶捶背按摩，端茶递水，节假日陪老人散步、爬山、打乒乓球。他学习用功、助人为乐、诚实守信、珍惜资源、爱护环境、热心公益活动，多次被学校评为“优秀少先队员”“三好学生”，2016年被评为乳源县“美德少年”。

威水史

2010年，在迎亚运·粤港青少年儿童美术书法摄影大赛中，获得三等奖。

2012年，在韶关市“校讯通杯”中小学电脑制作活动中，获得小学组“电脑绘画”一等奖。

2013年，在广东省生肖（甲午年）个性化邮票青少年设计大赛中，获得银奖。

2015年，在学校举行的“诗中有画·画中有诗”诗配画比赛中，获得一等奖。

黄霆钧，17岁，就读于东莞市东莞中学松山湖学校高二（4）班，担任校学生会秘书长，校团委秘书部部长。他成绩优异，并一直积极参加校团委组织和各类公益活动。在志愿服务方面，已连续3年参加春运志愿者活动，参加由镇政府筹办的免费为广大市民写春联活动，并一直积极参加镇区的各类志愿服务，如交通协管、到敬老院慰问表演、为脑瘫儿童筹款、到各小区回收废纸废品、宣传绿色环保、参加“龙立方”火车站和地铁的服务工作、到镇城管大队里学习与体验城市管理生活、为文化晚会提供志愿服务、宣传民族文化等。2013年和2014年，他两次被评为石龙镇“优秀团员”；2014年，他获得石龙镇三星志愿者资质证书，2015年被评为东莞市“优秀学生”。

威水史

2013年，在中国人民大学艺术学院公共美术（书法）考级考试中，获得九级认证。

林玥婷，9岁，珠海市高栏港经济区金洲小学三年级（2）班学生。有人这样评价这位小姑娘：脸上总挂着自信的微笑，明亮的双眸透着智慧的光芒，孝老敬亲的事迹广为传诵。她的爸爸是渔民，靠卖海鲜维持生计，妈妈远在大连工作。她自小便和奶奶一起生活，为了不让体弱多病的奶奶劳累，小小年纪已经学会了淘米、做饭、炒菜、洗碗、擦地板、洗衣服等家务活，每天放学给奶奶捶背、按摩，哄七个月大的弟弟睡觉。她是小区的“爱心使者”。楼上的老奶奶年纪大了，眼神不好，她会主动上前扶着老奶奶一起去散步；邻居张爷爷没有亲人在身边，她还经常陪他聊天。2015年，她被评为学校的“三好学生”；2016年，获得珠海高栏港经济区“美德少年”称号，并被评为珠海市“十佳美德少年”。

成长史

2015年，在珠海高栏港区中小学交通安全知识竞赛中，获得三等奖。

罗钰婷，14岁，云浮市云城区高峰街道高峰中学七年级（1）班学生。在她3岁时，妈妈意外失踪了，爸爸四处寻找却毫无音讯。为维持生计，爸爸外出打工，她承担起照顾70多岁的爷爷奶奶的重任。她活泼开朗，孝敬长辈；刻苦努力，每次考试，成绩在班级里都是名列前茅。身为班里的学习委员，她积极主动地帮助同学，耐心讲解，与同学相处非常融洽。2016—2017学年度第一学期，她获得学校小组课堂合作学习活动“优秀组员”称号。

成长史

在2016—2017学年度第一学期期中考试中，获得一等奖。

在2016—2017学年度第一学期期末考试中，获得一等奖。

2016年，在第一届云浮市云城区“英立思杯”英文单词拼读大赛中，获得三等奖。

关荣鑫，17岁，就读于江门市第一中学高二（10）班，是班里的班长。帮助有需要的人，是他发自内心的愿望。他热衷于参加志愿服务活动，特别是对贫困地区的支教活动。2016年暑假，他随同已毕业的学长，参与对家乡大槐镇中心小学的“暖留支教”志愿者活动。2015—2016学年度，他被学校评为“学习标兵”“校十佳学生”。

威水史

2016年，在新生军训中，获得“优秀学员”称号。

2017年，参加国际地球科学奥林匹克竞赛选拔赛（中国赛区）北京大学第一届地球科学冬令营，取得结业证书。

姚澜，14岁，广东实验中学八年级（5）班的学生，担任学校学生社团联合会主席。她积极参加各种志愿服务活动，例如春节卖花、与同学去福利院探望老人等。她说自己不是最优秀的那一个，但要尽力做到最好。

威水史

在2014—2015学年度，被评为广州市“优秀学生”。

魏青松，18岁，就读于汕尾市职业技术学校计算机网络技术一班。他热爱学习，热衷参加志愿服务活动，担任志愿者服务队队长。他长期坚持参加校园环境保护、美化校园等志愿活动，荣获2015—2016学年度第一学期“优秀志愿者”称号。

威水史

在2015—2016学年度第二学期，获得“校最美中职生”称号。
在2015—2016学年度第二学期，获得“优秀学生干部”称号。

创新好少年

陈普灏，17岁，就读于广东省清远市阳山县南阳中学高二（19）班，对科技创新充满着极大的兴趣，积极利用课余时间学习课外知识，积极参加省、市、县各类创新大赛，曾在第三十一届广东省青少年科技创新大赛中，获得十大创新专项奖。担任学校学生科技院院长、电脑科技部部长，努力带动身边的同学积极参与科技创新教育，积极改变自己。

威水史

2016年，作品《ARM架构PHP校园小型网站服务器》在第三十一届广东省青少年科技创新大赛中，获得十大创新专项奖。

2016年，作品《家用低成本高保真音响系统》在第四届阳山县青少年科技创新大赛中，获得一等奖。

2016年，作品《HIFI音响系统》在清远市第五届青少年科技创新大赛中，获得二等奖。

2017年，作品《网页网站管理软件》成功入选参加2017年全国第十八届电脑制作大赛。

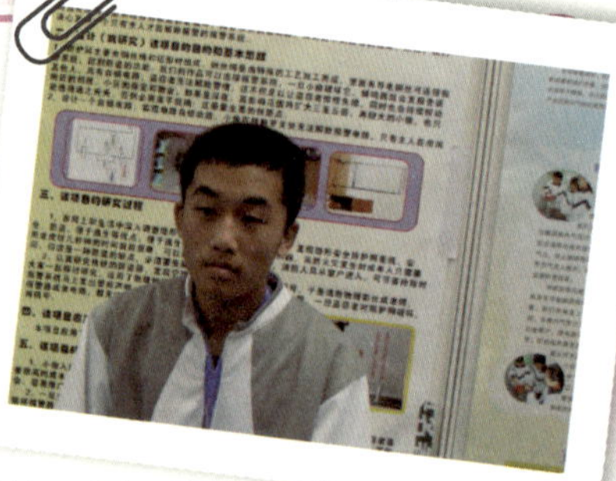

刘镇周，18岁，云浮市新兴县惠能中学高二（3）班学生。初次接触科技发明是在三年级。偶然一次机会，老师发现他在科技发明方面有很大的潜质。经过指导，加上自己的努力，他创造出保护主人的手持礼花安全发射器，先后得到学校、县、市的肯定，被批准到省里参赛，并荣获第二十五届广东省青少年科技创新大赛三等奖。2013年，作为一名初中生，他与同学合作创造的一种触发形成自锁电路式防盗报警器申请到了国家专利。

威水史

2010年，作品《保护主人的手持礼花安全发射器》在第二十五届广东省青少年科技创新大赛中，获得三等奖。

2011年，作品《一种小偷无法解除报警的家居防盗装置》获得第九届广东省少年儿童发明奖“少儿创新奖”。

2013年，作品《一种让盗窃者无法解除报警信号的隐形防盗网装置》在第二十八届云浮市青少年科技创新大赛中，获得一等奖；在第二十八届广东省青少年科技创新大赛中，获得三等奖。

2013年，作品《一种触发形成自锁电路式防盗报警器》获得国家知识产权局颁发的实用新型专利证书（合作者：彭仕成）。

2015年，作品《多功能卫生便携牙刷》在第三十届广东省青少年科技创新大赛中，获得三等奖（合作者：舒志祥）。

马如星，16岁，肇庆市四会市华侨中学高一（2）班学生。自我评价为：阳光自信、好奇心强、动手能力强、热爱发明创造。小时候，他就把自己异想天开弄成的“小东西”拿给小伙伴们看，让小伙伴们惊叹不已；曾经想发明自己的小电灯，想改良家里的冰箱……虽然这些实验没有成功，他却在发明与创造的路上越走越“精彩”！平时喜爱看科普书籍，善于观察，不懂就问，积极参与科技实践和发明创造训练活动，曾获得全国青少年科技创意大赛二等奖。

成长史

2014年，作品《下雨天自动收衣服的程控研究与设计》在四会市青少年科技创新小发明设计大赛中，获得一等奖（合作者：李子豪、吴悦舟）。

2014年，作品《防止超重车辆通过的桥梁（公路）保护系统》在第二十九届肇庆市青少年科技创新大赛中，获得二等奖（合作者：刘鸿辉、何嘉敏）。

2015年，作品《酒后驾驶强制限速警示装置》在全国青少年科技创意大赛中，获得二等奖。

2015年，作品《电磁螺丝刀》获得第十三届广东省儿童发明奖二等奖。

2016年，作品《基于汽车应急逃生门锁的设计与研究》在第三十一届肇庆市青少年科技创新大赛中，获得一等奖。

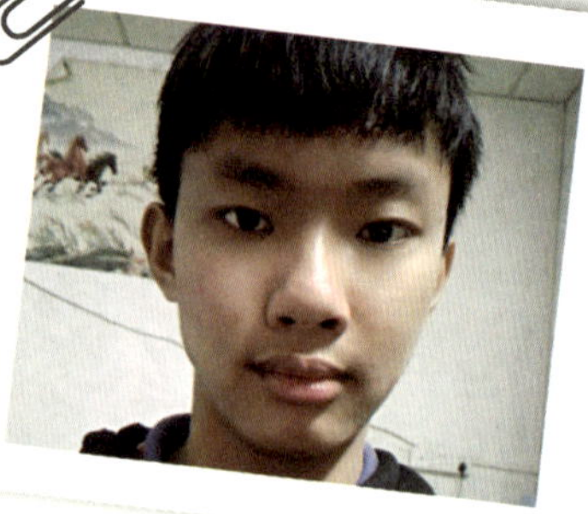

梁浩伦，17岁，就读于清远市华侨中学高二（2）班。从小爱观察、爱动手，家里能被拆分的电子产品几乎都被他拆开研究过。善于发现，善于学习新知识，喜欢魔方、数独、孔明锁、编程、看书等，对开源硬件有浓厚的兴趣。2016年10月，作为团队队长，带队参加广东省创意机器人大赛，获得二等奖。曾获广东省中小学生天文奥林匹克竞赛三等奖。学习成绩优异，在年级中名列前茅。

成长史

2016年，在第五届广东省创意机器人大赛“工业机器人”比赛中，获得二等奖。

2016年，在第四届广东省虚拟机器人竞赛中，获得汽车总动员项目三等奖。

张怿恺，15岁，珠海市紫荆中学凤凰路校区九年级（8）班学生。从小就喜欢钻研，爱好各类模型的拼装制作和遥控，动手制作和遥控操控能力强，是位十足的航模科幻迷，是中国航海模型协会注册会员，多次参加省和国家级的航海模型锦标赛，曾获得全国青少年航海模型锦标赛C6级第三名。虚心好学，善于独立思考，喜欢探索科学的奥秘，积极参加科技类活动。理科成绩较为突出，在班级名列前茅。性格开朗，为人正直，乐于助人。在校团委和班里担任学生干部，主动参加学校各类活动，连续三年取得跳远年级第一、第二名的成绩。2015年在香洲区“节能好故事”征文比赛中获得中学组二等奖。

威水史

2014年，作品《俄罗斯光荣级莫斯科号导弹巡洋舰》在全国青少年航海模型锦标赛中，获得青少年组第三名。

2015年，作品《俄罗斯光荣级莫斯科号导弹巡洋舰》在德国世界青少年航海模型锦标赛FSRO-3.5中，获得第九名。

2016年，作品《紫荆号无人消防救援船》在第三十二届珠海市青少年科技创新大赛中，获得发明创造类一等奖。

陈德鹏，男，19岁，就读于茂名市第十六中学高二（12）班。从小喜好动手，对生活上的科技产品感兴趣，总是把坏的机器解剖研究，小时候就可以把坏的DVD或者自己喜欢的耳机修好。读高中后，开始参加科技创新类的比赛，2016年参加全国青年科普创新实验暨作品大赛，获得两个项目第一名，成为大赛历史上唯一的双冠王。个人宣言：科技创新，以改善生活质量为起点，以中华崛起为终点。

成长史

2016年，在全国青年科普创新实验暨作品大赛总决赛中，获得科普试验单元安全保护高中组冠军创新奖、创意作品单元高中组冠军创新奖。

2016年，在全国青少年创意工程挑战赛中，获得团体高中组第七名。

2016年，在广东省青少年科技创新实践能力挑战赛中，获得高中组二等奖。

周涛，9岁，佛山市实验学校四年级（7）班学生，学校少先队大队委员。从小擅长演讲，多次担任全校大型节目主持人；积极参加各级青少年科技创新大赛，2015年、2016年连续两年获得佛山市青少年科技创新大赛青少年科技创新成果一等奖；热心参加社会公益活动；2015年，参加佛山市“微家书·传家风”活动，作品获“最佳年度网络人气微家书”荣誉。

威水史

2015年，作品《儿童注意力持续时间的研究——以1—600连写测试为例》在第十一届佛山市禅城区青少年科技创新大赛中，获得一等奖；在第三十一届佛山市青少年科技创新大赛中，获得一等奖（合作者：罗语桐）。

2015年，作品《一种可用户识别的饮用水瓶》在第十一届佛山市禅城区青少年科技创新大赛中，获得一等奖；在第三十一届佛山市青少年科技创新大赛中，获得三等奖。

2016年，在第三十二届佛山市青少年科技创新大赛中，获得一等奖。

唐国舜，12岁，湛江市第八小学六年级（3）班学生。热爱生活，热爱学习，热爱运动，热爱阅读；兴趣是他学习的最好老师；6岁参加科技发明创新兴趣班，对未知世界有强烈的好奇心；学习认真，刻苦钻研，“拆一拆”“装一装”“想一想”，自己动手做小发明。2017年，获得第十二届中国少年科学院“小院士”课题研究成果一等奖，被聘为“中国少年科学院小院士”。兼修钢琴，已获得钢琴四级资格证书。

威水史

2015年，作品《水上直升救生艇》在湛江市青少年科技制作比赛中，获得小学组一等奖。

2016年，作品《水上直升飞机（水上直升救生艇）》获得第十四届广东省少年儿童发明奖二等奖。

2016年，作品《水上直升飞机（水上直升救生艇）》在第三十一届湛江市青少年科技创新大赛中，获得一等奖（合作者：李俊熙、谢家仪）。

王彦恒，18岁，广东实验中学高三南山（1）班学生。他是编程高手，喜欢自己动手写游戏，却从来不玩游戏；自学微积分与大学物理，研读英文版《算法导论》；除了热爱科学，还热爱文学、绘画与古典音乐，写得一手好字；学习成绩优异。2016年，在广州市高二英语读写竞赛中荣获一等奖；在全国青少年信息学奥林匹克联赛中，获得广东赛区提高组一等奖。

威水史

2015年，在国际青少年创新设计大赛中，获得结构类金奖。

马艺鸣，13岁，江门市第一中学景贤学校八年级（7）班学生。他有良好的读书习惯，专心学习，坚持用知识充实自己，喜欢广泛地阅读书籍，从童话故事到历史读本，从自然科学到天文知识，都读得津津有味。他热爱科学、善于思考、敢于实践，具有强烈的创新精神。通过实际操作和系列活动，他学会了观察、记录，在老师的指导和自己的不懈努力下，尝试撰写科普研究小论文，其中《红茶对瓶插玫瑰花保鲜的探究实验》荣获广东省第三十届青少年科技创新大赛科学竞赛项目成果一等奖并获该项目的金牌。他喜欢绘画，曾获得第三十届江门市青少年科技创新成果竞赛少儿科学绘画三等奖。他自强自律，品学兼优，多次获得“四好少年”“美德学生”“优秀学生干部”“学习标兵”的称号。

成长史

2014年，作品《红茶对瓶插玫瑰花保鲜的探究实验》在第三十届江门市青少年科技创新大赛中，获得成果竞赛项目一等奖和校长奖。

2015年，在第三十届广东省青少年科技创新大赛中，获得成果竞赛项目一等奖。

2015年，获得学校少儿科学院“小院士”称号。

智慧好少年

吴润谦，11岁，就读于广州市越秀区东山培正小学五年级（7）班。他有优良的学习习惯：自觉，专注，认真，享受快乐学习，成绩在班级名列前茅；善于钻研思考，敢于质疑，有科学创新和挑战精神，在各种竞赛中满载而归；爱好阅读，从科学、历史到政经时事，都有浓厚兴趣，知识面广；参加无线电测向运动，学习钢琴、书画，是一个品学兼优、博学多才、幽默活泼、全面发展的阳光少年。

成长史

2016年，在第四届全国中小学生语文素养大赛全国总决赛中，获得小学A组金奖。

2016年，在第十二届"为学杯"全国中小学生创新作文大赛复赛中，获得二等奖。

2016年，在第三届世界趣味数学挑战赛中，获得铜奖。

2016年，在第十四届小学"希望杯"全国数学邀请赛中，获得四年级银奖。

2016年，在美国数学大联盟初赛中，获得一等奖。

2016年，在"数学花园探秘"网络评选活动中，获得五年级二等奖。

2016年，在全国小学生英语竞赛中，获得四年级组一等奖。

2016年，作品《制作太阳能热水器》在越秀区小学生"科学主题探究活动"成果评比中，获得最高人气奖。

关朝升，14岁，就读于阳江市实验学校中学部八年级（16）班。他刻苦勤奋，各科成绩一直在班级名列前茅，连续8年担任班长，曾获得市级和区级的“优秀少先队员”称号，连续多年被评为“三好学生”和“优秀班干部”。他有一颗善良的心，助人为乐，从小立志读好书、做好人、回报社会。在2015年和2016年学校组织的“感恩主题演讲”比赛中均荣获一等奖，被评为感恩励志道德模范，曾获得优秀志愿者称号。

成长史

2014年，在全国基础教育英语综合能力竞赛（习思能力竞赛）中，获得一等奖。

2015年，在第十二届“外研社杯”全国中小学生英语技能大赛中，获得阳江市级决赛C组一等奖。

2015年，在阳江五大商会暨曼特教育“爱心天使”公益技能总决赛中，获得“爱心天使”称号。

2015年，在学校第四届体育节运动会中，获得400米比赛七年级男子组第一名。

2016年，在阳江市教师和中小学生普通话诗歌朗诵大赛总决赛中，获得初中组二等奖。

陈奕彰，13岁，就读于华南师范大学附属中学汕尾学校初二（2）班。他热爱学习，勤奋刻苦，遇到问题勤于思考，虚心请教，成绩一直名列前茅。踊跃参与学科竞赛，曾获全国数学邀请赛铜奖、英语综合能力竞赛全国一等奖、物理竞赛特等奖等奖项。喜欢围棋、书法、阅读、运动，曾获得围棋二段证书，获得市书法比赛一等奖。善良、热心，积极参加社会公益活动。

威水史

2016年，在第四届全国中小学语文素养大赛初赛中，获得广东赛区初中组一等奖。

2016年，在第四届全国中小学语文素养大赛全国总决赛中，获得初中组铜奖。

2016年，在第二十七届中学“希望杯”全国数学邀请赛中，获得初一年级铜奖。

2016年，在广东省中学生地理奥林匹克竞赛中，获得一等奖。

2016年，在“威文杯”初二年级物理竞赛中，获得特等奖。

2016年，在学校“争当法制小先锋”法律知识竞赛中，获得二等奖。

黄伽璐，13岁，就读于湛江二中港城中学初一（8）班。她成绩优异，每次考试成绩均在年级中名列前茅。参加数学和作文竞赛多次获奖，曾获全国华罗庚金杯少年数学邀请赛决赛三等奖、亚洲国际数学奥林匹克总决赛铜奖、广东省青少年学生征文比赛三等奖。她能力突出，作为班长和学校广播站的站长，她管理班级井井有条，广播站工作开展得有声有色。多才多艺，多次在手抄报、书法、舞蹈、钢琴、美术等比赛中获奖。

威水史

2014年，在湛江市霞山区“美德少年”评选中，获得“自强自立美德少年”称号。

2014年，在湛江市广播电视台举办的“我是故事王”大赛中，获得一等奖。

2015年，在湛江市霞山区首届“小学生科技活动月”科技作文比赛中，获得一等奖。

2015年，在第二十届全国华罗庚金杯少年数学邀请赛决赛中，获得三等奖。

2016年，在亚洲国际数学奥林匹克公开赛总决赛中，获得铜奖。

叶东鑫，11岁，就读于汕尾市实验小学五年级（1）班。他是班里的学习委员，是老师的得力助手、同学们的好伙伴。他担任学校的广播员、小记者，每周通过发现校园动态并撰写广播稿件，用广播之声和同学们共同分享校园大小事。他最大的爱好是阅读、写作、围棋、网球。作文多次发表在《汕尾日报》上。在家里，他尊敬长辈，孝敬父母，独立自强。

威水史

2015年，获得中国围棋协会授予的围棋业余1段称号。
2015年，获得学校“学习之星”称号。
2016年，获得学校“优秀通讯员”称号。
2016年，获得学校“学习小榜样”称号。
2016年，获得学校“星级小记者”称号。
2017年，获得学校“优秀播音员”称号。
2017年，获得学校“三好学生”称号。
2017年，获得学校“优秀小记者”称号。

李乐仪，16岁，就读于广州市执信中学高二（2）班。学习上认真努力，成绩排在年级前十。曾获得全国高中数学联合竞赛三等奖、广州市生物联赛三等奖、物理力学竞赛三等奖。在中山图书馆年借书数约100本，被评为中图优秀读者。担任学校团委组织部副部长、年级级委，与同学相处和谐，乐于助人。积极参加班级和学校活动，曾获得校运会女子800米跑第三名，在接力比赛、篮球赛中夺得冠军。

威水史

2012年，在世界学生奥林匹克数学竞赛亚洲选拔赛（中国区）广东赛区决赛中，获得一等奖。

2013年，在第十八届全国华罗庚金杯少年数学邀请赛决赛中，获得二等奖。

2013年，在第二十四届“希望杯”全国数学邀请赛中，获得二等奖。

2014年，在第二十五届“希望杯”全国数学邀请赛中，获得一等奖。

2014年，在广州市首届初中生汉字书写与运用大赛决赛中，获得三等奖。

2016年，在全国高中数学联合竞赛中，获得三等奖。

2016年，在广州市高一年级物理力学竞赛中，获得三等奖。

2016年，在第三十二届广州市青少年科技创新大赛中，获得三等奖。

邓孜，14岁，韶关实验中学九年级（2）班学生。开朗大方，兴趣广泛。特长有钢琴、拉丁舞、英语模仿秀。2015年4月，在第七届IEEA国际英语精英赛（中国区）选拔赛初赛广东赛区中获得了一等奖；2015年7月，在广东省中小学生英语朗读能力在线展示活动中，荣获全省七年级组唯一一个特等奖和最佳语音奖。她是学校学生会学习部部长；是一名校运会运动员；入选学校礼仪队并获得“优秀礼仪队员”称号；多次获得学校“学习标兵”和“四好学生”称号。

威水史

2014年，在学校体育艺术节之“诵读经典，传承雅言”朗诵比赛中，获得一等奖。

2015年，在第七届IEEA国际英语精英赛（中国区）选拔赛初赛中，获得广东赛区一等奖。

2015年，在广东省中小学生英语朗读能力在线展示活动中，获得特等奖和最佳语音奖。

2016年，在广东省中学生地理奥林匹克竞赛中，获得三等奖。

2015—2016学年度第一学期，被学校评为“四好学生”。

林采熠，14岁，梅州市学艺中学初二（4）班学生，担任班长。成绩在年级名列前茅，多次获得年级总分第一名；擅长舞蹈、古筝、书法、绘画；品学兼优。

威水史

2014年，在“希望杯”全国中小学生作文大赛初赛中，获得一等奖。

2015年，在首届广东省青少年书画摄影作文大赛中，获得一等奖。

2015年，在广东省“粤星杯”小学生硬笔书法大赛中，获得二等奖。

2016年，古筝水平达到社会艺术水平考级九级认证。

2016年，在学校田径运动会上获得女子组200米第三名。

2016年，被评为梅州市“三好学生”。

罗越，12岁，揭阳市榕城区实验学校六年级（4）班学生。多年大量的阅读，丰富了他的阅历，开阔了他的视野。在学习中，他有一股钻劲，各科成绩优异。兴趣广泛，才艺出众，发展均衡。连续五年获得“优秀少先队员”“三好学生”“优秀队干部”“乒乓球特长生”等光荣称号；多次被评为“学习全优生”“好学星”“才艺星”。每年操行评定甲等，并被评为“操行标兵”。6岁开始参加乒乓球锻炼，现已成为广东省乒乓球运动员。从小练习书法，作品经常在学校书画展中获奖。

成长史

2009年，作品《骄傲的公鸡》在全国中小学生幼儿优秀美术书法摄影作品大赛中，获得金奖。

2013年，在揭阳市第三届“岐山杯”中小学生棋类锦标赛中，获得中国象棋男子B组第八名。

2016年，在揭阳市榕城区首届“我的悦读经历”征文活动中，获得二等奖。

2017年，参与揭阳日报社“最美家庭颁奖晚会”表演，被授予“才艺小记者”称号。

2017年，在学校“社会主义核心价值观伴我行暨庆元旦”现场书画比赛中，获得一等奖。

黎铭智，14岁，广州市第十三中学初二（2）班学生。从小对数学感兴趣，觉得学习奥数是件快乐而有趣的事，在接受难题挑战的同时，享受解题后畅快淋漓的满足与喜悦。除了数学，其他科目也毫不逊色。曾参加电脑机器人竞赛，成绩优秀；喜欢阅读，认为阅读不同类型的书刊是休养大脑的最佳方式，无论小说、散文还是科幻作品，都能看得津津有味。

成长史

2014年，在广州市中小学电脑机器人竞赛活动中，获得小学组ETR虚拟机器人（智能校车）项目三等奖。

2015年，在第十三届“走进美妙的数学花园”青少年展示交流活动——全国趣味数学解题技能展示活动中，获得一等奖。

2015年，在第十三届小学“希望杯”全国数学邀请赛中，获得六年级铜奖。

2015年，在美国“数学大联盟杯赛”中，获得二等奖。

2015年，在第二十届全国华罗庚金杯少年数学邀请赛总决赛中，获得铜牌奖。

2016年，在第六届华罗庚金杯国际少年数学精英邀请赛中，获得一等奖。

2016年，在第二十七届中学“希望杯”全国数学邀请赛中，获得金奖。

2016年，在第三届全国初中数学邀请赛中，获得二等奖。

才艺好少年

黄雅，7岁，就读于英德市实验小学二年级国际班，担任学校大队的副大队长，也是班里的班长。学习上，她勤奋刻苦、善于思考、积极发言，各科成绩优异。兴趣、爱好广泛，喜欢拉丁舞、爵士舞、模特秀、主持、拍戏、钢琴、游泳、画画等。特别喜欢文艺活动，参与了许多演出和比赛。2014年曾参与拍摄全国院线电影《女神时代》和《我的美女总监》，得到了观众朋友们的热烈好评。2015年参与嘉佳卡通的节目录制，拍摄的汽车广告、蛋卷广告、服装广告等，在各电视台循环播放，她还成为一家中韩合资口腔医院的代言人。2016年参演广东电视台连续剧《魔法国学院》，是剧中的领衔主演。2016年参与湖南卫视金鹰卡通台节目拍摄，出色的表现让她成为2017年度宣传片代言人。2016年参与某品牌服装发布会的走秀表演，成功加入CIP国际职业少儿模特。

威水史

2015年，在中国首席少儿模特大赛、国际小公主（小王子）才艺大赛广东赛区中，获得总季军。

2016年，在第六届中国国际少儿车模大赛中，获得亚军。

2016年，在“富迪杯”第七届广东省青少年体育舞蹈锦标赛暨第九届体育舞蹈俱乐部联赛中，获得第一名。

2016年，在中国国际少儿时装周中，获得JOJO童装秀场新人奖。

2016年，被学校评为“优秀小主持”。

2016年，被学校评为“艺术之星”。

2017年，被评为“优秀班干部”。

张芷茵，14岁，惠州市第一中学初二（9）班学生。从小学习舞蹈、声乐、钢琴、提琴、爵士鼓等。多才多艺，荣获了全国很多奖项，如"未来之星"舞蹈银奖、"全国艺术人才"电视选拔广东赛区金奖、"漂亮宝贝亚太总决赛"四省联赛金奖及最佳童趣奖等。曾参加省市以及中央电视台的各种文娱活动的拍摄，积累了丰富的舞台经验。她的学习成绩也很优秀，曾获奥数、奥英一、二等奖，全国英语口语大赛广东赛区金奖，全国征文比赛一等奖。

成长史

2008年，在"漂亮宝贝亚太总决赛"中，获得金奖。

2011年，在广东省第八届少儿艺术花会比赛中，被评为"少儿艺术之星"。

2011年，在惠州市首届流行歌手大赛中，获得金奖。

2014年，获得第十届惠州市美德少年"旭日奖"。

2014年，在惠州市第二届"快乐时光"少儿艺术节声乐类比赛中，获得第二名。

2016年，在"国音杯"广东省中小学师生艺术比赛中，获得声乐类一等奖。

2017年，在"拥抱春天·梦想起航"惠州市少儿迎春联欢晚会中，获得优秀小演员奖。

郑金希，13岁，陆丰市东海二中七年级（2）班学生。从小爱好舞蹈，4岁就开始进行专业化、系统化的舞蹈训练。虽然练舞蹈很辛苦，经常会受伤，但是无论刮风下雨，她从不缺席任何一节训练课。因为她觉得舞蹈带给她健康快乐，并且让她学会了坚持、努力和永不放弃。上小学后，在老师的引导下，又对中国古典乐器——古筝产生了浓厚的兴趣，直到现在还经常练习和参与考级，代表培训中心参加各项比赛和展演。

威水史

2012年，在全国青少年舞林大会·春晚广东总决赛中，获得金奖。

2013年，在全国青少年舞林争霸全国总决赛中，获得金奖。

2015年，在中国舞蹈家协会第三百三十二届少儿舞蹈展演中，获得一等奖。

2016年，获得中国舞蹈家协会颁发的社会艺术水平考试九级证书。

2016年，在童彩飞扬粤东少儿才艺大赛中，获得汕尾赛区一等奖。

2016年，获得星海音乐学院颁发的社会艺术水平考级四级证书。

2017年，在第十五届全国青少年专业舞蹈大赛中，获得金奖。

秦滔，15岁，东莞市东莞中学高一（7）班学生。自幼学习钢琴，至今获国内外比赛奖项20多项，其中包括世界华人艺术节三届金奖，亚洲国际青少年钢琴比赛金奖，香港国际钢琴邀请赛第二名，德国欧米勒国际钢琴公开赛初赛特等奖、中国赛区决赛二等奖，等等。曾经在校文艺晚会上表演合作原创相声，担任校文艺晚会主持人，获学校历史演讲比赛一等奖、朗诵比赛一等奖。热爱阅读、写作，曾获市书信比赛一等奖、校现场作文一等奖。整体学业成绩名列前茅，科技创新、学科竞赛也有非常突出的成绩。此外，他积极参加艺术公益活动，担任公益活动形象大使，培养正确的艺术观，用艺术承担社会责任。

威水史

2012年，在香港国际钢琴邀请赛中，获得第二名。

2013年，在第九届世界华人青少年艺术节钢琴大赛中，获得金奖。

2014年，在美国奥德西国际钢琴公开赛中国赛区决赛中，获得银奖。

2014年，在第九届广州钢琴公开赛中，获得二等奖。

2015年，在第四届德国欧米勒国际钢琴公开赛中国赛区总决赛中，获得二等奖。

2015年，在东莞市第十届中小学书信活动中，获得一等奖。

2015年，在东莞市初中生物学竞赛中，获得二等奖。

2016年，在第三十一届广东省青少年科技创新大赛中，获得二等奖。

2016年，在东莞市中学生创意物理实验展评活动中，获得一等奖。

2016年，在学校“迎国庆”诗歌朗诵比赛中，获得一等奖。

关嘉锐，10岁，湛江市第十二小学四年级（7）班学生。能歌善舞，多才多艺，喜欢唱歌、钢琴、主持、跳舞、表演、书法，并多次在各类艺术比赛中获得大奖。已获得钢琴九级、拉丁舞七级证书，是湛江流行音乐学会会员，湛江电视台特聘小演员，湛江日报社的小记者。在学校，她还是一名品学兼优的学生，担任班长，曾获得“学习标兵”“学习之星”“阅读之星”“三好学生”“优秀少先队干部”等称号。

威水史

2013年，在“肖邦纪念奖”香港国际钢琴公开赛中，获得一等奖。

2014年，在第二十八届国际少年儿童书画大赛中，获得银奖。

2015年，在华语童声金曲榜“中国好童声”歌唱大赛全国总决赛中，获得金奖。

2015年，在第二届广东南粤银行小主持人大赛中，获得冠军。

2015年，在全国青少年钢琴大赛湛江赛区中，获得一等奖。

2015年，在第三届WSC标准舞/拉丁舞世界公开赛黑池舞蹈节（中国）区域赛中，获得二等奖。

2016年，在广东省少儿才艺大赛湛江赛区决赛中，获得金奖。

钟嘉悦，10岁，韶关南雄市第一小学四年级（10）班学生。最爱古筝，从5岁开始学习古筝，参加过各种大型演出和比赛，多次取得优异的成绩。喜欢跳舞、唱歌，天真活泼，善良可爱。

成长史

2015年，在香港“青乐杯”首届两岸三地青少年古筝比赛中，获得铜奖。

2015年，在“雄州一品”青少年才艺（公益）大赛中，获得优秀奖。

2016年，在亚洲国际青少年声乐器乐舞蹈大赛中，获得金奖。

2016年，在广东省第三届中国民族器乐大赛中，获得金奖。

2016年，在美丽校园·亚洲青少年艺术盛典暨高雄“议长杯”音乐大赛广东选拔赛中，获得一等奖。

2016年，在赣鄱筝会·首届江西（国际）古筝艺术节少儿非专业组比赛中，获得银奖。

2016年，在韶关市第二十一届中小学（幼儿园）“英东杯”文艺竞赛中，获得一等奖。

庄丞松，12岁，就读于广州市越秀区东山培正小学六年级（5）班。凭着语言艺术表演、声乐、体育等特长，在相关竞赛中硕果累累。曾获得声乐艺术水平考级十级金奖、第四届小金钟音乐大赛全国总决赛童声组金奖，参加广州市第十届“羊城小市长”入围决赛，多次参与广告和电视剧集的拍摄。热爱学习，真诚善良，充满阳光，多年来保持优异的成绩，并一直担任班干部，多次被评为“全优生”“三好学生”“优秀班队干部”“善正模范生”。

威水史

2014年，在广州市越秀区第七届学校艺术节（声乐类）中，获得三等奖。

2014年，在第四届中国少儿小金钟音乐大赛全国总决赛中，获得金奖。

2015年，在广州市越秀区中小学生网球团体赛中，获得第三名。

2015年，在第六届全国社会艺术水平考级大赛暨2015北京国际青少年音乐节华南赛区复赛中，获得童声十级金奖。

2015—2016学年度，获得广州市越秀区“优秀学生”称号。

2016年，在广州市中小学“我的环保节日”环保讲演大赛中，获得一等奖。

2016年，在广州市体育传统项目学校暨广州市体育实验学校小学生田径比赛中，获得传统组男子4×100米接力赛第一名。

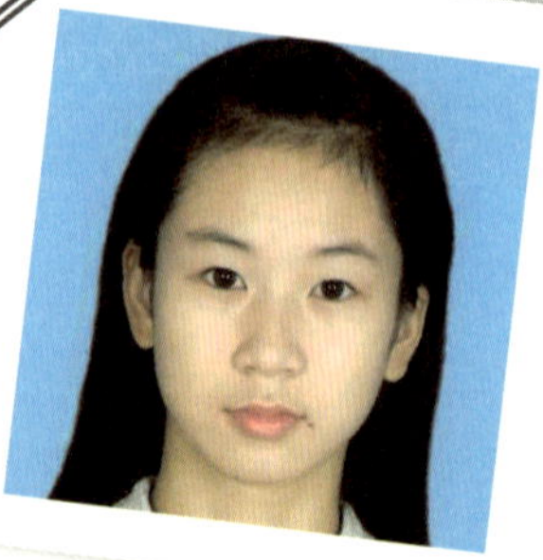

高菁阳，13岁，东莞市东华初级中学116班学生。5岁开始学习舞蹈，不怕辛苦，坚持不懈。2011年，她在世界青少年“金紫荆花奖”艺术大赛中，获得舞蹈项目最高奖。2016年，通过了中国舞八级的考核。除了舞蹈，她还喜欢钢琴、主持、游泳。她并没有因为学习舞蹈而耽误其他能力的培养，曾经获得征文比赛一等奖、东莞市英语口语大赛二等奖，多次获得校“三好学生”“阳光少年”“学习之星”等称号，现在，她还是学校学生会的副主席，班里的班长。

威水史

2011年，在第十五届香港世界青少年“金紫荆花奖”音乐、舞蹈、器乐艺术大赛中，获最高奖。

2013年，在广东省第九届少儿艺术花会比赛中，获得金奖。

2013年，在中国舞蹈家协会第二百六十七届少儿舞蹈展演中，获得一等奖。

2014年，在中国舞蹈家协会教学成果展演中，获得一等奖。

2014年，在第二届广东省少儿舞蹈大赛中，获得金奖。

2015年，在东莞市第七届英语口语大赛虎门镇街选拔赛中，获得二等奖。

2015年，在第四届中国·东莞音乐剧节之音乐剧小戏小品比赛中，获得优秀剧目奖。

2016年，在东莞市第五届单、双、三“个人风采”舞蹈大赛中，获得金奖。

黄嘉琪，12岁，江门市紫茶小学六年级（10）班学生。能说会道，爱唱爱跳，梦想长大后当一名多才多艺的主持人。为了实现梦想，她从6岁开始学习主持、声乐、舞蹈和钢琴。曾多次参加电视台节目的录制并担任小主播，多次参加主持、朗诵、歌唱类比赛并获得大奖。2016年，她获得了全国青少年才艺电视评选活动金奖，以及中国少儿歌曲卡拉OK电视大赛金奖。

威水史

2014年，在第九届全国青少年冰心文学大赛中，获得金奖。

2014年，在第四届中国少儿小金钟音乐大赛全国总决赛中，获得银奖。

2015年，在第十一届“德艺双馨”中国文艺展示活动广东省总决赛中，获得金奖。

2015年，在广东省少先队活动课说课展示交流活动中，获得一等奖。

2016年，在第十一届珠江三角洲青少年歌手大赛中，获得金奖。

2016年，在CCTV少年中国行全国青少年才艺电视评选活动全国总决赛中，获得金奖。

2016年，在第十二届中国少儿歌曲卡拉OK电视大赛粤港澳总决赛中，获得金奖。

2016年，在江门市蓬江区“陈垣杯”诗歌朗诵大赛中，获得一等奖。

2015—2016学年度第一学期，获得学校“三好学生”“读书之星”“优秀中队干部”“优秀广播员”“小小科学家”称号。

谭嘉立，10岁，佛山市顺德区大良世纪小学四年级（5）班学生。特长：太极拳。曾经获得广东省太极拳比赛56式金奖、太极刀金奖、集体赛金杯。除此之外，他还是一个爱学习的男孩。他热爱机器人的创新设计，曾经获得世界锦标赛积木机器人赛一等奖。

威水史

2015年，在广东省第八届武术精英大赛中，获得金奖。

2016年，在WER2016赛季世界锦标赛积木机器人赛中，获得一等奖。

2016年，世界教育机器人大赛2016赛季中国赛区华南地区公开赛中，获得二等奖。

2016年，在广东省第九届武术精英大赛暨“中国武术段位制”中段位技术考评中，获得金奖。

活力好少年

贺宇晴，11岁，珠海市香洲区第十九小学五年级（4）班学生。她是一个活泼可爱、充满朝气的阳光女孩，特别爱运动，有“小小女汉子”之称。从小学习芭蕾舞、艺术体操，后来因为迷恋上健美操，成了珠海市李宁体校的学员。在体校参加健美操训练，先后参加了2015年山东站、2016年珠海站、2016年上海站的全国健美操联赛和2016年广东省健美操锦标赛，每次都取得优异成绩。除了健美操，她还是个全能型的体育健将，是学校的跑步健将、掷垒球能手、艺术体操小队员；喜欢并擅长羽毛球、足球、滑板、游泳和咏春拳等体育运动。此外，她学习认真自觉，各科成绩优秀。

成长史

2014—2015学年度第一学期，被学校评为“春笋奖”。

在2014—2015学年度学校体育节中，获得垒球项目第一名。

在2014—2015学年度学校体育节中，获得200米赛跑“优胜奖”。

2015年，在全国健美操联赛（山东烟台站）中，获得预备组三人操第二名。

2016年，在全国健美操联赛（广东珠海站）中，获得预备组新人组三人操第一名。

2016年，在全国健美操联赛（上海站）中，获得预备组精英组女子单人操第一名。

2016年，在广东省健美操锦标赛中，获得竞技健美操规定动作三人操第一名。

孙鹤源，15岁，东莞实验中学高一（15）班学生。活力充沛，阳光向上。特别热爱游泳运动，6岁开始参加游泳集训班并跟随体校的队友定期训练，取得“国家游泳二级运动员”称号。担任团支书，学习努力，品学兼优，多次被评为“三好学生”。课余时间，喜欢摄影、弹琴、唱歌，钢琴取得六级证书。

威水史

2011年，在东莞市青少年游泳锦标赛中，获得男子50米自由泳第一名。

2012年，在东莞市青少年游泳锦标赛中，获得男子4×50米混合泳接力第一名。

2013年，在东莞市青少年游泳锦标赛中，获得男子100米自由泳第一名。

2014年，在东莞市第八届运动会上，获得男子4×100米混合泳接力第二名。

2015年，在广东省第十四届运动会上，获得男子6×50米自由泳接力第二名。

2015年，在广东省第十四届运动会上，获得男子100米蝶泳第六名。

2015年，在广东省第十四届运动会上，获得男子100米自由泳第六名。

2016—2017学年度第一学期，被学校评为“三好学生”。

郭晓雪，17岁，就读于广州市幼儿师范学校2014级3班。她是一个性格活泼、乐观自信的女孩。品学兼优，喜欢积极参加各项活动。2016年，她参加了第五届全国全民健身操舞大赛总决赛，获得了表演轻器械健身舞高中组特等奖、运动舞蹈高中组特等奖、皮筋操高中组一等奖。她的身体素质并不是很好，起初跳健美操并不好看，不是动作太僵硬就是不规范，但是，她还是咬牙坚持。她相信，没有压力的生活是不完整的，一步一个脚印总能走出自己想要的路。

威水史

2016年，在亚洲大众体育节第五届全国全民健身操舞大赛总决赛中，获得表演轻器械健身舞高中组特等奖。

2016年，在亚洲大众体育节第五届全国全民健身操舞大赛总决赛中，获得运动舞蹈高中组特等奖。

2016年，在亚洲大众体育节第五届全国全民健身操舞大赛总决赛中，获得皮筋操—竞赛套高中组一等奖。

2015—2016学年度，被评为“广州市优秀学生”。

2016年，在广州市青少年垃圾分类宣传海报设计大赛中，获得三等奖。

麦嘉欣，10岁，就读于佛山市禅城区环湖小学四年级（4）班。兴趣爱好广泛，喜欢围棋、游泳、阅读、绘画等。4岁多学习围棋，曾经遇到过很多难题和挫折，但她学会了无论做什么事情都要有耐心、有信心、有决心。2013年，在广东省青少年围棋锦标赛中获得7岁组第二名，被授予“二级运动员”称号。热爱运动，积极参加学校游泳队的训练，曾获佛山市青少年游泳锦标赛女子仰泳全能第二名。学习上刻苦钻研、一丝不苟，成绩一直在全班名列前茅，每学期都能获得“三好学生”“优秀班干部”“学习之星”“文明之星”等称号。

成长史

2013年，被佛山市体育局授予“二级运动员”称号。

2015年，被中国围棋协会授予“业余5段”称号。

2015年，在广东省青少年围棋锦标赛中，获得第一名。

2016年，在广东省第一届“谁是棋王”全民争霸赛暨广东省第一届体彩公益金围棋总决赛中，获得第一名。

2016年，在第六届全国少儿围棋精英选拔暨柯洁车轮挑战赛（佛山赛区）中，获得第一名。

2016年，在佛山市青少年游泳锦标赛暨小学生游泳赛中，获得女子仰泳全能第二名。

谢梓昊，9岁，就读于揭阳市空港经济区地都镇邹堂小学三年级（2）班。受爸爸的影响，他从小热爱体育运动，会跟着爸爸去跑步、踢球，看电视播放的各类体育比赛，特别是足球比赛。从一年级开始，他就参加了学校足球队的训练。2015年，他随队参加揭阳空港经济区“广雅杯”校园足球比赛，团队获得了第一名。除了足球运动外，他还喜欢溜冰、骑自行车，可以弹奏100多首钢琴曲。他的学习成绩也很好，在班里名列前茅。

成长史

2015年，在揭阳空港经济区“广雅杯”校园足球赛中，获得第一名。

2016年，在学校庆祝元旦安全知识比赛中，获得二等奖。

2016—2017学年度，被评为揭阳空港经济区“三好学生”。

2016—2017学年度第一学期，被学校评为“优秀学生干部”。

在2016—2017学年度第一学期学校“我的坏习惯我能改”主题教育中，被评为“校级之星”。

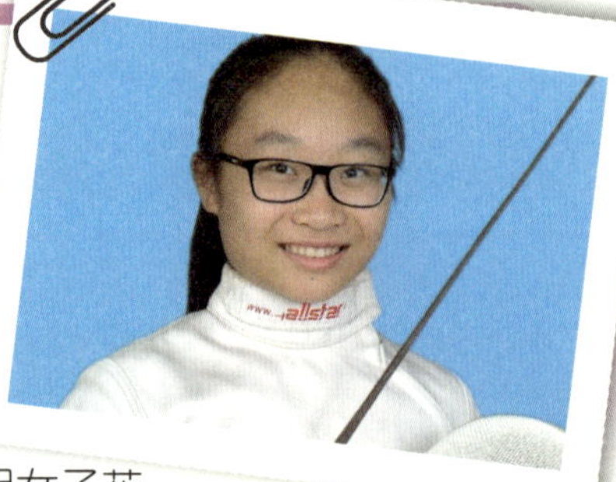

赵瑞丹，13岁，就读于深圳市南山区南山外国语学校（集团）文华学校八年级（1）班。长期坚持体育锻炼，练就了她一身好体质，也练就了积极、乐观、向上的良好心态。她酷爱击剑运动，曾获得全国击剑冠军赛总决赛儿童组女子花剑个人第二名，获得全国中学生击剑锦标赛女子花剑初中组个人第三名。她还连续3年在学校运动会上获得女子800米以及立定跳远的冠军。天道酬勤，她坚信机会是留给有准备的人的。还在小学的时候，她就被选为深圳市《小记者报》小主编、深圳大运会现场报道的小记者，荣获深圳市“十大传媒之星”。2016年3月，她成为全国“两会”现场采访小记者，并获得全国“优秀小记者”称号。

成长史

2014年，在第二届鹏城中小学校园春节晚会中，获得“最佳主持人奖”。

2015年，在深圳市南山区第十九届中学生现场作文竞赛中，获得特等奖。

2015年，在全国击剑冠军赛总决赛中，获得女子花剑个人第二名。

2016年，在全国中学生击剑锦标赛中，获得女子花剑个人第三名。

2016年，在全国“两会”采访体验活动中，获得“优秀小记者”称号。

2016年，获得深圳市“优秀少先队员”称号。

梁昀芝，15岁，就读于广州市第一中学初三（6）班。喜欢游泳，从四年级开始参加游泳训练，初一时获得了“国家一级运动员”称号。2016年，在成都和青岛的全国中学生比赛上共获8个冠军。在坚持游泳的同时，也没有落下学习。课余时间，喜欢旅游，感受生活的快乐。

成长史

2015年，在广东省第十四届运动会中，获得200米蝶泳第三名。

2015年，在全国体育传统项目学校联赛游泳比赛中，获得200米个人混合泳第二名。

2016年，在全国中学生游泳锦标赛中，获得200米蝶泳第一名。

2016年，在全国中学生游泳锦标赛中，获得4×100米混合泳接力第一名。

2016年，在广州市中学生游泳运动会中，获得200米个人混合泳第一名。

2016年，在广州市中学生游泳运动会中，获得100米蝶泳第一名。

廖咏铨，12岁，韶关市武江区至和汤邓淑芳纪念学校六年级（3）班学生。他从小就养成了良好的学习习惯，不仅注重课内知识的学习，还注重课外知识的积累，大量阅读有益的课外书籍，在每年的知识竞赛、作文竞赛、期中考试、期末考试和各种学科竞赛中，都在班级中名列前茅。他的课余兴趣爱好也很广泛，喜欢唱歌、下围棋、击剑、打篮球、踢足球……2015年代表学校参加武江区中小学生足球比赛获得区第一名；2015年代表韶关市参加广东省青少年击剑冠军赛获得男子花剑团体第四名；多次参加区、市举行的青少年围棋比赛，获得一、二等奖。

成长史

2015年，在广东省青少年击剑冠军赛中，获得男子花剑团体第四名。

2015年，在韶关市武江区第一届校园文化体育节之第二届中小学生足球赛中，获得第一名。

2016年，在韶关市“南枫杯”青少年围棋定级、定段赛中，获得第一名。

2016年，被评为韶关市武江区“优秀少先队员”。

2016年，被评为韶关市武江区“美德少年”。

2016年，在“朝阳读书”活动征文比赛中，获得三等奖。

周桐，12岁，就读于珠海市斗门区实验小学六年级（1）班。从6岁开始，就在本区的乒乓球队里学习乒乓球，在每年的区、市、省级比赛中均取得优异的成绩。参加过5届校运会，在女子800米、400米、200米等项目中共取得8枚金牌、2枚银牌与1枚铜牌的好成绩。除了运动，她还喜欢钢琴、书法、素描，是班里的语文科代表、英语大组长、少先队中队长，立志要做一个全面发展的好孩子。

威水史

2014年，在珠海市小学生（儿童）乒乓球锦标赛中，获得女子团体第一名。

2014年，在珠海市小学生（儿童）乒乓球锦标赛中，获得“体育道德风尚奖”。

2015年，在珠海市小学生（儿童）乒乓球锦标赛中，获得女子单打第三名。

2015年，在珠海市第三届体育节乒乓嘉年华中，获得女子单打第一名。

2016年，在珠海市斗门区第十三届小学生乒乓球赛中，获得女子甲组第一名。

黄若琪，16岁，就读于广州市天河区华南师范大学附属中学高一（6）班。特长：击剑、英语、化学科学创新、田径、游泳。她能英姿飒爽地出现在青少年击剑国内外各大赛事上，也能在粤港澳中学生模拟联合国大会模联会场上唇枪舌剑；她能在主持人舞台上歌颂美好，也能在实验室探索化学世界！更多的时候，她会在学校大课间，带领全班同学做好韵律操，组织同学们在校运会上加油助威力争第一。从国旗队长到体育部长，她珍惜承担每一份责任的机会，希望将生命的快乐和精彩带给身边的每个人。

威水史

2016年，在学校第六十二届田径运动会中，获得女子三级蛙跳第一名。

2016年，在中国击剑俱乐部联赛佩剑第五站（南昌站）中，获得佩剑个人第三名。

2016年，在粤港澳中学生模拟联合国大会中，获得“最佳风采奖”。

2016年，在学校第十一届“金话筒”主持人大赛中，获得“最佳人气奖”。

2017年，在“USAD China美国学术十项全能大赛”之Gala Night晚会中，获得“最佳台风奖”。

2017年，在“培正杯”剑击邀请赛中，获得佩剑项目第四名。

自强好少年

江骏宇，11岁，就读于珠海明珠中英文学校（小学）四年级（3）班。1岁多时的一次高烧，让他双耳失去了听力。父母伤心又无奈，几年来走遍了各省市大医院，但都没有效果。6岁的时候，他开始戴上助听器去上学。因为性格活泼开朗，勤学好问，成绩优秀，他从一年级起，年年都被学校评为“三好学生”。他的特长是武术、绘画、短跑，曾经获得全国幼儿创意美术大赛银奖、珠·澳传统武术（套路）邀请赛银奖、校运会60米短跑年级第一名。身边的师长和同学都为他点赞，他是个名副其实的身残志坚好少年！

威水史

2011年，在第九届全国幼儿创意美术大赛中，获得银奖。

2011年，在第六届珠·澳传统武术（套路）邀请赛中，获得银奖。

2015年，在第十八届校运会上，获得男子60米短跑第一名。

2015年，在第十八届校运会上，获得男子200米赛跑第一名。

2016—2017学年度第一学期，被学校评为“三好学生”。

林泽华，9岁，就读于汕尾陆丰市博美镇图美小学三年级（2）班。爸爸不会说话，却为了一家人的生活，一直努力工作着。妈妈精神上有些问题，2016年离开了家，再也没有回来过。奶奶和爸爸每天早出晚归。他自强自立，每天做饭、洗碗、打扫卫生、载着弟弟妹妹上学……小小年纪，就是一个小大人模样。在学校里，他爱读书、勤奋守纪、积极进取，多次获得“三好学生”“优秀班干部”称号。

威水史

2014—2015学年度第一学期，被学校评为“优秀少先队员”。
2014—2015学年度第一学期，被学校评为“优秀班干部”。
2015—2016学年度第二学期，被学校评为“优秀学生”。
2016年，在学校“朝阳读书”活动中，获得“爱书学生”称号。
2015—2016学年度第二学期，被学校评为“积极分子”。
2016—2017学年度第一学期，被学校评为“三好学生”。

黄泳欣，15岁，阳江市特殊教育学校六年级学生。说起她，认识她的老师、同学无不竖起大拇指啧啧称赞。老师说，她是一个全面发展、品学兼优的学生；同学说，她是一个乐于助人、活泼开朗的伙伴；家长说，她是一个乖巧懂事、自强自立的孩子；她自己说，她只是个普通的孩子。事实上，她有先天性重度听力障碍，她清楚地知道，要想取得成功，她必须比普通的孩子付出更多的汗水。她学习刻苦、勤奋，善思好问，学习成绩一直名列前茅：多次获得年级语文、数学知识竞赛一等奖，在学校作文比赛、写字比赛中均获得优异的成绩。此外，她积极参加学校的文体活动，曾获得校运会女子羽毛球二等奖，多次获得校“综合素质优秀学生”“优秀学生干部”称号。

威水史

2015年，在学校第八届趣味运动会中，获得女子羽毛球决赛二等奖。

2016年，在阳江市教育系统“书香岭南”全民阅读活动中，获得二等奖。

2015—2016学年度第一学期，被学校评为“综合素质优秀生”。

2016年，在学校语文知识竞赛中，获得一等奖。

2016年，在学校数学速算竞赛中，获得“速算之星”称号。

2016—2017学年度第一学期，被学校评为“优秀学生干部”。

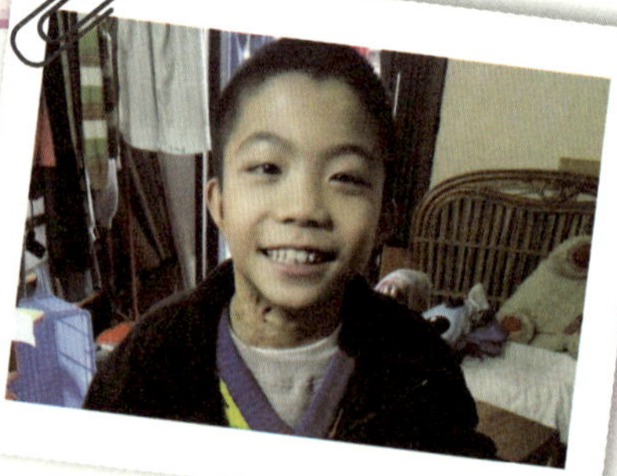

林嘉宇，13岁，就读于中山市南区北台小学五年级（2）班。他出生时，由于缺氧导致脑瘫，以至于双脚不能走路。爸爸妈妈并没有放弃他。6岁那年，经过手术以及长期的康复治疗，他终于可以站起来了。虽然只能缓慢地行走，但他已经很开心，很满足。然而，不幸再次降临。由于不小心，他被开水烫伤，脖子的烫伤面积达60%。经历这些苦难，他仍然成为一个乐观开朗、自强自立的男孩子。他认为，人的出生无法选择，他会尽自己最大的努力克服在生活和学习中遇到的一切困难，也会用积极乐观的心态面对所遭遇的不幸。

威水史

2016年，被评为中山市南区“美德少年”。

2015—2016学年度第二学期，获得“成绩进步奖”。

林志坤，20岁，就读于东莞市商业学校2014级职训（8）班。他从小听不到外面的声音，但乐观、坚强的他认为自己并不比别人差，只是需要比别人多几倍的努力。他学习刻苦，成绩名列前茅；爱好打篮球，通过篮球，认识了很多朋友。在生活和学习上遇到困难时，老师和同学都会鼓励他，这让他很感动。课余时间，他积极参与校内外志愿服务活动，希望尽己所能来回报社会。

威水史

2015年，在中华龙舟大赛（东莞·麻涌站）志愿者工作中，获得表彰。

2015年，被评为“一星志愿者”。

2014—2015学年度第二学期，被学校评为“三好学生”。

李海莹，17岁，就读于肇庆启聪学校九年级（2）班。听不见声音的她，是笑靥如花、青春少女的模样。在学校，她身兼校学生会副主席、班长、校舞蹈队主角等多个角色，有着坚定的个人毅力和较强的组织协调管理能力。她擅长舞蹈、绘画、硬笔书法，在学校舞蹈队中一直是主力队员，多次代表学校参加各类比赛，取得了优异成绩。她还积极参加体育锻炼，在校运动会和篮球比赛上都获得了较好的名次。

成长史

2012年，在肇庆市第四届中小学生艺术展演活动中，获得书法类三等奖。

2013年，在全国少年儿童世界和平海报作品征集活动广东赛区中，获得三等奖。

2013—2014学年度第一学期，被学校评为“优秀班干部”。

2013—2014学年度第一学期，被学校评为“三好学生”。

2016年，在肇庆市第三届学校舞蹈节活动中，获得特等奖。

温玉贤，16岁，就读于陆丰市启恩中学高一（12）班。小时候，一场意外导致她右眼失明、右耳失聪。因农田收成不好，父母不得已长期在外打工。她是小当家，家中琐事和照顾爷爷奶奶的重任都落在她身上。一路走来，虽也曾自卑、迷茫、颓废，但她还是选择勇敢面对困难。 课堂上，她踊跃发言，积极与老师互动，遇到难题时会与同学共同探讨，认真思考，寻找解决方法。她的努力付出，使她的学习成绩在班里总是名列前茅。她还积极参加学校举办的各种活动，在活动中感受奉献的快乐。

威水史

2014—2015学年度第一学期，被学校评为“优秀学生”。

2016—2017学年度第一学期，被学校评为“优秀共青团员”。

张睿敏，11岁，就读于深圳市宝安区桥头小学五年级（5）班。6岁那年，她被确诊得了急性淋巴细胞白血病（高危组），家人没有放弃希望，带着她四处求医。接受治疗期间，她不能像其他同龄人一样背着书包去学校上学，只能把课本领回家，凭着自学完成一年级、二年级的全部课程。2014年春节后，终于出院回家了，她迫不及待地背着书包走进校门。她靠着自己坚强的意志和不懈努力把成绩赶上，并且之后每个学期，都被学校评为“三好学生”。她就是这样一个乐观、自信、阳光、努力的女孩！

威水史

2014年，在中国童话节童话故事创作大赛中，获得银奖。

2015年，在中国童话节童话故事创作大赛中，获得优秀作品奖。

2016年，在中国童话节童话故事创作大赛中，获得优秀作品奖。

2016年，在深圳“读书月”福永街道小学生现场作文比赛中，获得一等奖。

李依琳，12岁，江门市福泉奥林匹克学校六年级（4）班学生。她爱学习，爱劳动，爱生活，爱科学，勇于创新，乐于助人。担任学校少先队副队长、学校广播员，以高标准严格要求自己。

威水史

2014—2015学年度在少先队大队部工作中，获得“优秀学生干部”称号。

2015年，获得“优秀少先队员”称号。

2015—2016学年度，获得“金色少年”称号。

陈慧玲，15岁，茂名市特殊教育学校七年级（1）班学生。家境不好，父母残疾，她和妹妹都是聋哑人。但是，面对困难，她没有退缩。她担任班里的体育委员，勤奋、踏实、懂事、好学的性格深受老师和同学们的喜爱和欢迎。2016年，她参加了广东省残疾青少年田径锦标赛，荣获金、银、铜3枚奖牌。

威水史

2016年，在广东省残疾青少年田径锦标赛中，获得女子100米第一名。

2016年，在广东省残疾青少年田径锦标赛中，获得女子200米第二名。

2016年，在广东省残疾青少年田径锦标赛中，获得女子400米第三名。

2016年，在广东省残疾青少年田径锦标赛中，获得道德风尚奖。

附录

2016年第一届“最美南粤少年”

（共60名）

一、美德好少年（10名）

谢志洪 ……………………… 清远市清新区凤霞中学九年级（1）班
刘庭羽 ……………………………… 河源市第三小学四年级（1）班
蔡绮程（女） …………………… 东莞市塘厦中学高一（13）班
亚立坤疆·艾则孜 ……… 深圳外国语学校高中部高一（12）班
索朗欧珠 ………………………… 珠海市第四中学2015级西藏班
谢得方 …………………… 湛江市第十五职业高级中学高三（4）班
陈韵如（女） …………… 韶关市始兴县九龄中学八年级（4）班
张连城 …………………… 珠海市香洲区第十九小学四年级（4）班
陈佳瑜（女） ……………… 深圳市丹堤实验学校六年级（4）班
曾志勇…… 清远市连南瑶族自治县寨岗镇中心小学六年级（1）班

二、创新好少年（10名）

谭伟创 …………………… 广州市工贸技师学院13数字设计与制造
罗雅兮（女） ………………… 深圳育才第四小学四年级（3）班
邓昊晴 ………………………………… 广州市第六中学高三（3）班
袁泽昊 ……………………………… 惠州市第一中学初二（12）班
蔡汶楠（女） …………… 潮州市城南中英文学校六年级（5）班
麦合甫热提（女）……深圳市坪山新区坪山高级中学高一（18）班
文浩 ………………………… 湛江市坡头区第一中学高二（4）班
谢杰羽 …………………………… 深圳育才第三小学五年级（2）班
胡书涵（女） ……………… 深圳市坪山实验学校九年级（4）班
杨靖（女） ………………………… 中山市华侨中学高二（31）班

三、智慧好少年（10名）

蔡师瑾（女） ………………… 揭阳市实验中学九年级（12）班
高茂航 ……………………………… 湛江市第八小学六年级（4）班
黄焜宇 ……………………… 深圳市福田区福民小学五年级（3）班
焦睿祺 ……………………………………… 广东广雅中学高一（1）班

吕泓佑 ………………………… 茂名市第十五中学初二（11）班
林明慧（女） ……………… 阳江市阳东区广雅中学高二（1）班
蔡子逸 ………………………………… 中山纪念中学初三（2）班
赵枰豫（女） ………………………… 台山市第一中学高二（20）班
胡敦然 ………………………… 华南师范大学附属中学初一（1）班
陈昱州 ………………………………… 湛江市第四小学六年级（5）班

四、才艺好少年（10名）

余思琪（女） ………………………… 广东广雅中学高二（16）班
张欣儿（女） ……… 汕头市潮阳区潮阳实验学校六年级（1）班
陈俊宏 ………………………………… 中山市第一中学高二（15）班
陈洁桐（女） …… 华南师范大学附属中学汕尾学校高二（1）班
林炽宏 ………………………… 中山市特殊教育学校培高（5）班
马子尧（女） ……………… 茂名市第十一小学五年级（7）班
曹超 ………………… 佛山市南海区大沥实验小学五年级（9）班
庞轶文（女）……………… 珠海市香洲区景园小学三年级（1）班
张可欣（女）…… 揭阳市普宁市流沙第一实验小学四年级（3）班
李佛明 ………… 深圳市坪山新区同心外国语学校四年级（2）班

五、活力好少年（10名）

廖镱童（女） …………… 珠海市香洲区景园小学三年级（1）班
岑小林 …………… 广州市花都区花东镇七星小学五年级（1）班
魏锦豪 ………………………… 汕头市龙湖区锦泰小学五年级（3）班
林子力（女） ………………………… 惠州市第一中学初三（1）班
陈姿霖（女） ………… 肇庆市第六中学田家炳校区高二（6）班
陈诗琦（女） ………………………… 顺德李兆基中学高一（12）班
黄惠丽（女） ………………… 广东省培英职业技术学校15电商
陈凯鹏 ………………………………… 广州市第五中学初三（1）班
王竟梵 ………………………………… 中山实验中学初三（4）班
洪圣淳 ………………………… 梅州师范学校附属小学五年级（2）班

六、自强好少年（10名）

廖韵桡（女） ………………………… 中山市横栏中学初一（12）班
陈恺婧（女） ………………………… 广州市蓝天中学初二（8）班
孙叶芃 ………… 深圳市南山外国语学校高新中学八年级（8）班
苏倩瑶（女） ……………… 阳江市特殊教育学校九年级（3）班

杨庆良 …………………… 韶关市曲江初级中学九年级（18）班
曾廣 …………… 肇庆市怀集县岗坪镇初级中学八年级（14）班
孙秋玲（女） ……………… 兴宁市径南中心小学五年级（2）班
李金梅（女） ………… 云浮市特殊教育学校启聪六年级（1）班
赖巍呈 ……………………………… 珠海市第八中学初一（9）班
欧新兴 ……………………………… 河源市博爱学校启智（8）班

2016年第一届“最美南粤少年”提名奖

（共60名）

陈菲（女） ………… 潮州市湘桥区城基初级中学三年级（4）班
洪楷彬 …………………… 深圳市盐田区外国语学校初二（9）班
李念（女） ……………………………… 广州市第二中学高二（1）班
朱科逸（女） ……………………… 深圳市后海小学六年级（3）班
林洋杨（女） ……………… 潮州市金山实验学校初二（10）班
陈国豪 ……………… 阳江市阳西县新圩初级中学九年级（1）班
蔡燊本 ………… 茂名市滨海新区电城镇中心小学五年级（9）班
黄瑶（女） ……………… 惠州市惠东县平山中学高三（13）班
丘建军 ……………………………… 河源市紫金中学高二（3）班
陈晖（女） ……………………… 肇庆市四会中学高一（22）班
冯嘉泓 …………………… 潮州市湘桥区城南小学六年级（8）班
梁靖邦 …………… 湛江市赤坎区湛江市第八小学六年级（4）班
苏晟（女） ……………………… 中山大学附属中学初二（4）班
杨学霖（女） ……………… 华南师范大学附属中学初三（1）班
陈彦君（女） ………………………… 广东实验中学初二（8）班
戴晗 ……………………………… 深圳市田东中学初三（11）班
肖亘森 ………………………… 汕头市长厦小学六年级（1）班
王子睿 ……………………………… 韶关实验小学六年级（1）班
黄和平 ………………………… 广东省机械技师学院14世赛班
罗绍忠 ………………………………… 东莞理工学校13光电1班
邱琦（女） ……………………… 茂名市第一中学高二（30）班
刘子睿 …………………… 惠州市惠阳区实验小学四年级（6）班
吴桐 ………………………………… 揭阳市实验小学五年级（6）班
李阳皓 ……………… 广州市越秀区旧部前小学六年级（4）班

柯立奇 …………………………… 广州市真光中学高二（2）班
陈俊颖（女） …… 云浮市郁南县蔡朝焜纪念中学九年级（1）班
周致远 ……………………… 华南师范大学附属中学初三（1）班
刘浩辰 …………………………… 广州市第七中学高二级红星1班
李康耀 ……… 深圳市南山实验教育集团南头小学五年级（1）班
李绮欣（女） … 顺德区陈村职业技术学校动漫141班（春季班）
徐梦雅（女） …………………… 深圳市盛平小学六年级（4）班
陈泯萱（女） ……………… 江门市新会圭峰小学五年级（6）班
林芷莹（女） ……………… 江门市新会尚雅学校五年级（6）班
李佳桐（女） ………… 广州市天河区龙口西小学六年级（3）班
李皓夫 …………………… 中山市东区雍景园小学四年级（4）班
周佳涵（女） ……………… 深圳市福田区福民小学四年级（4）班
何彦熹（女） ……… 深圳市实验学校（小学部）六年级（1）班
林以晴（女） …… 广州市越秀区东风东路小学四年级（11）班
郑爱沙（女） ………………………… 广州市第二中学初一（7）班
林熙妍（女） …………………… 汕尾市林伟华中学高一（16）班
龙欣（女） ……………… 深圳市宝安区坪洲小学五年级（4）班
蔡珊珊（女） …… 中山市石岐中心小学大信学校四年级（3）班
曾颖娜（女） ……………… 江门市体育运动学校三年级（1）班
李达 ………………………………… 河源中学高二（10）班
李璇（女） ……………… 广州市第四十四中学高三（3）班
练桦（女） …………………… 肇庆市第一中学九年级（14）班
陈悦（女） ……………… 广州市越秀区秉正小学六年级（1）班
陈钰琳（女） ………………………… 广州市第五中学初一（7）班
陈桂涵 ……………………… 潮州市潮安区金石中学初二（2）班
麦嘉欣（女） …………… 佛山市禅城区环湖小学三年级（4）班
林亭君（女） …………… 中山市大涌镇安堂小学六年级（1）班
易梅娣（女） …… 茂名市茂南区公馆镇造腾小学五年级（1）班
李凯文（女） ……………… 湛江市特殊教育学校六年级（1）班
余嘉乐 ………………………… 中山市华侨中学初二（3）班
王镁琳（女） ………………… 肇庆市高要区金渡镇褚国昌
中心小学六年级（4）班
张宇乐 ……………… 河源市东源县三河中心校六年级（2）班
李洪基 ………………………… 兴宁市龙北中学九年级（1）班
邓洋敏（女） ……………… 清远市连山壮族瑶族自治县永和镇
永和中心小学五年级（1）班
李进明 ……………………… 珠海北大附属实验学校高三（7）班
骆安良 ……………………… 湛江市二中港城中学初三（10）班